從一國歷史
預視世界
的動向

極簡

泰國史

柿崎一郎
Kakizaki Ichiro

楓樹林

前言

處事高明之國

說到泰國，大家會想到什麼呢？

有吃過泰國菜的人，應該會想到使用許多辣椒的辛辣料理；有去過泰國，或是看過泰國介紹影片的人，可能會想起輝煌璀璨的寺廟、顏色繽紛的水果、四季如夏的海灘、充滿活力的市集等光景。不過，日本學校課堂上幾乎不會提到泰國，所以對泰國沒有任何概念的人也不在少數。

這處對各位來說或許有些陌生的國度，其實有個很厲害的地方，就是善於巧妙地利用生存策略。泰國與日本一樣，是少數幾個能維持獨立的亞洲國家，但二國的發展之路卻大相徑庭。泰國即便受到周圍強勢國家的擺布，仍懂得如何遊走於強國之間，將應對進退做到最好。

接著，就讓我們來看看「行走世間，處事高明」之國——泰國的歷史吧。

柿崎一郎

歷史冷知識！

泰國的4大祕密

這些意想不到的史實，就要介紹給初次接觸泰國史的你！

Secret 1

400年前有個日本人在泰國出人頭地？

阿瑜陀耶王朝的國王頌曇非常賞識搭乘朱印船而來的山田長政，於是命其擔任大臣。山田長政在朝廷爬上最高地位，表現非常傑出。

©FrameHotep

→詳情參照 56 頁

Secret 2

泰國原本可能會變成形狀細長的國家？

1896年，英國和法國其實已經談好保留昭披耶河沿岸的細長土地作為泰國的領土，不過在拉瑪五世的爭取下，才得以留下更大片領土。

→詳情參照 106 頁

Secret 3

泰國跟日本並肩作戰，最後卻不是戰敗國？

二次世界大戰期間，泰國與日本締結同盟，實際上攝政王普里迪等抗日派人士卻私下與英美合作，泰國因此免於戰後被列入戰敗國名單中。

→詳情參照 144 頁

Secret 4

發展通訊事業超成功的大富豪當上總理？

2001 年就任總理的塔克辛其實是位華裔企業家，他上任後就把政府當成一間企業，用商業角度執政。

→詳情參照 186 頁

接下來，我們就來探索泰國史吧！

目錄

chapter 2 阿瑜陀耶王朝

〈博洛瑪泰猜亞寺（Wat Phra Borommathat Chaiya）〉

這是位於南部素叻府猜亞的佛寺。寺中佛塔推測建於8世紀～9世紀，是室利佛逝式佛教藝術類型的代表作。當時，這種藝術類型遍及馬來半島和蘇門答臘島。

chapter 3 吞武里王朝與拉達那哥辛王朝

chapter 4 對抗帝國主義

〈披邁石宮（Prasat Hin Phimai）〉

位於東北部那空叻差是瑪府（呵叻）披邁縣裡的佛教寺院遺跡，於高棉帝國掌權的11～12世紀所建造，據說比吳哥窟更早建成。

〈崖差蒙空寺（Wat Yai Chai Mongkhon）〉

位於中部大城府的佛寺，建於14世紀相當興盛的阿瑜陀耶王朝，中間的大佛塔據說等到17～18世紀才完成。其名有大勝利吉祥寺之意，是後來才取的名稱。

〈鄭王廟（Wat Arun）〉

位於首都曼谷昭披耶河西岸的佛寺。這是18世紀末建立吞武里王朝的國王鄭信在皇宮內修復的寺廟，後來又稱為「黎明寺」。佇立於河畔的佛塔則是在19世紀後半完工。

chapter 7 對立的時代

祕密專欄

序章

宛如象臉的國土

各位是否知道泰國這個國家的所在位置？

泰國位於歐亞大陸的東南方，屬東南亞國家。歐亞大陸東南方有個名為中南半島的大型半島，銜接著繼續延伸出去且形狀細長的馬來半島。從中南半島正中央開始延伸到馬來半島一半位置的這塊區域，都是泰國的領土。面積約五十一・三萬平方公里，是日本國土的一・四倍大。

泰國領土的形狀是不是很像大象的臉？馬來半島是象鼻，象鼻上面冒出象頭，右邊看起來很像耳朵。整體看來，就猶如大象面向左邊的側臉。泰國大約是在距今一一〇年前，才開始擁有這片象臉形狀的國土，算是相當近期的事。

泰國可以大致分成四個區域。象鼻根部是中部，首都曼谷位於此處。象頭部分有條由北朝南流至暹羅灣的大河，名叫昭披耶河，中部就位於這條河的下游。昭披耶

泰國的疆域

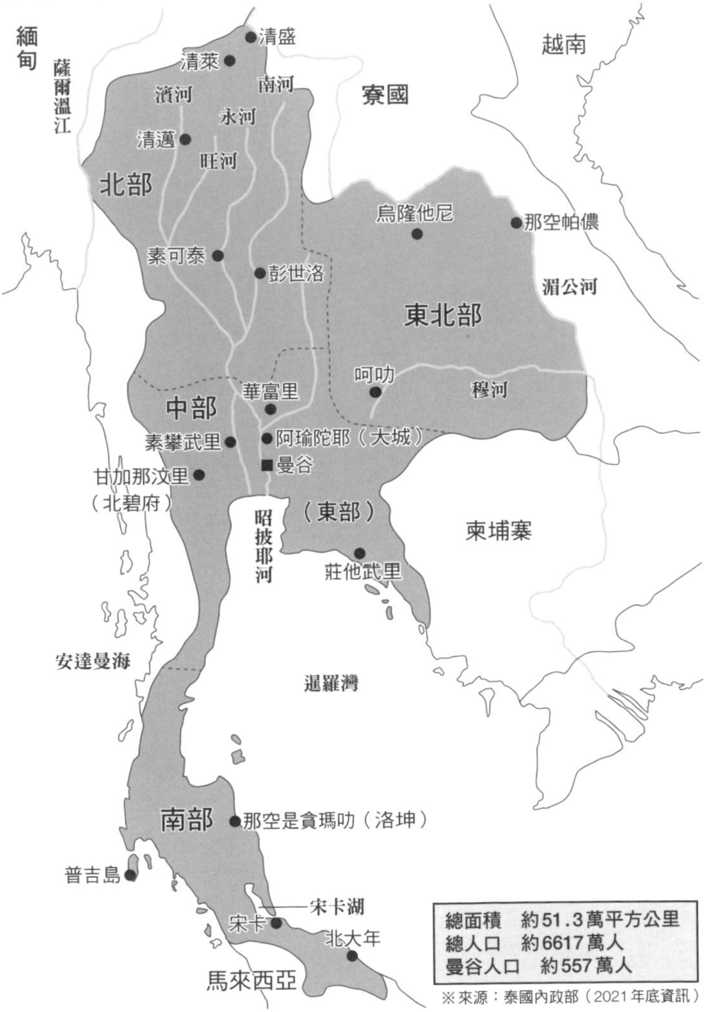

※來源：泰國內政部（2021年底資訊）

河分成數條支流後形成三角洲，構成廣闊的平坦低地。低地東西兩側有山脈相連，東側沿海地區亦稱為東部，被開發成臨海工業區。昭披耶河中游到上游這個範圍相當於大象頭部，區域劃分上稱為北部。上流屬多山地形，泰國人主要居住在山與山之間的盆地，山上則居住著眾多的少數民族。

昭披耶河中游為平坦的丘陵地形，濱河、旺河、永河、南河四條河川在此匯流成昭披耶河。

湄公河流域在劃分上列為東北部，相當於大象的耳朵。象頭與南邊的柬埔寨相隔著許多山脈，與寮國基本上則是以湄公河為界，這塊區域稱為呵叻高原，由廣闊的平坦地形構成。

大象鼻尖處相當於南部。南北向山脈綿延，因面海而有許多美麗的白沙海灘。

首都曼谷位於昭披耶河沿岸，是泰國規模最大的城市。截至二〇二一年底，泰國人口約六千六百萬人，其中約一千萬人住在由曼谷及相鄰府所構成的首都圈。曼谷約莫在二四〇年前開始作為首都，泰文正式名稱以「Krung Thep（天使之城）」為開頭，是目前世界上名稱最長的國家首都。

泰國的主要民族為泰人（泰族），約占總人口八成，但不少人與來自中國的漢族結合，因此有些人看起來頗像日本人，另外也有貌似印度、中東人的臉孔，容貌可說非常多元。但泰人是主要民族，於是將國名取為泰國，並以泰文為官方語言。絕大多數的泰人信奉佛教（起源於釋迦牟尼在印度傳教的宗教），所以泰國又有佛教之國的稱號。泰國人信奉的是上座部佛教（小乘佛教），不同於日本的大乘佛教，泰國的僧人身上會裹著黃色僧衣，四處可見使用大量金色元素、非常輝煌閃亮的佛寺，與給人莊嚴形象的日本佛教截然不同。

泰國與日本的關係悠久，早在六百年前，琉球（今沖繩縣）船隻就曾前至泰國，並在一八八七年締結《日暹修好通商宣言》建立邦交，兩國的正式外交管道也在二〇二二年邁入一百三十五週年。

泰人其實是在距今一千年前才來到泰國這片土地。泰人隸屬壯侗語系，一般認為這群人來自中國南部的四川省和雲南省。這塊區域多陡峭山脈，泰人在盆地建立了名為「Mueang」（譯註：譯作勐、曼、猛，以下統稱「勐」）的「國家」，並以種稻維生。

泰人到訪前，孟族和柬埔寨的主要民族高棉族，其實才是泰國這塊土地的主人。本書將從泰國領土開始有人類居住說起，接著探討泰人入主後，是如何建立起自己的國家，最後發展成目前的樣貌。

接著就讓我們從泰國這塊土地出現人類蹤跡開始，一起瞭解泰國史吧！

chapter 1

泰人登場

人類現蹤泰國

人類現蹤目前泰國領土最早的時間點可追溯至七十萬年前（舊石器時代）。泰國北部發現了當時所製造的打製石器，推測是由原人製成。

接著來到距今一萬年前，由於地球暖化導致海平面上升，進而形成目前的陸地。當時的東南亞居住著名為「和平人（Hoabinhian）」的族群，會以打製石器進行狩獵、採集。泰國中部北碧府的賽幽克等地就曾發現和平人居住於洞穴的遺跡。

目前推論泰國應該是在西元前二千五百年開始有稻作，相當於使用磨製石器及土器的時代（新石器時代）。泰國最知名的班清考古遺址甚至發現了彩紋土器。

班清是位於泰國東北部烏隆他尼府的一個村落，當初本以為發現了西元前三千六百年世界最古老的土器和金屬器而聲名大噪，但經確認後判定年代為西元前二千年。即便如此，這項發現在考古學界仍非常有意義，班清考古遺址更因此入選為聯合國世界文化遺產。其中又以西元前三百年製作、帶有紅色紋樣的班清土器最具知名度，到了當地甚至能買班清土器的複製品作為紀念。

班清考古遺址除了土器，也發現了青銅器和鐵器。根據泰國各地的遺址調查結果，青銅器應該是出現自西元前一千年，鐵器則可追溯至西元前五百年。另外更發現了挖掘銅、鐵原料的遺址，由此可以推測，泰國製造金屬器的範圍相當廣泛。

此外，泰國東北部同時期也開始用岩鹽製鹽，可推測製鐵、製鹽應為此地區的主要維生項目。東北部生產的鹽會運往中南半島廣闊的內陸區域，對不靠海地區的人們來說，這些鹽維繫著內陸居民的飲食生活。

當時的日本

班清開始製作土器的期間，日本正從繩紋時代進入彌生時代。日本不僅出現了彌生土器，也開始使用鐵器和青銅器。除此之外，水稻耕作也開始普及，並出現了大型村落。

最初的國家又稱為「小印度」

到了西元前二世紀，串連起中國和印度地區及地中海的海上絲路開始受到中國人與印度人的關注。從中國橫跨歐亞大陸，朝歐洲延伸而去的路徑稱為「陸上絲路」；「海上絲路」則是指靠船航行、串連起東西方的海上貿易路線。

當時的船隻必須沿岸航行，還要頻繁靠港，補充糧食及水。這些港口村落也因此開始掌握政治權力，中南半島沿岸更首次出現所謂的「國家」。自從一世紀末，現今柬埔寨與越南國界附近出現名為「扶南」的國家後，泰國領土就開始以港口為中心，形成許多小國。

一般認為，海上絲路應該是從中國沿著海岸線繞行中南半島半圈，進入暹羅灣後，再從陸路橫跨馬來半島朝印度洋前進。會如此推測，是考量到若船隻需沿岸而行，就必須順著形狀如象鼻、朝南延伸的馬來半島航行，等於是繞一大圈。

接著從三世紀到五世紀左右，橫跨半島之處建立了幾個國家，分別是位於馬來半島最靠近內陸的頓遜，馬來半島最狹窄處、位於克拉地峽附近的盤盤，還有更南邊的狼牙脩等國。

這些國家不僅受到印度文化影響，上位者甚至仿效遠渡印度洋來到馬來半島的印度人，紛紛自稱為王，提高自我權威。

這些國家也因此開始接觸到來自印度的印度教（融合印度婆羅門教與民間信仰的宗教）、佛教，取了一些充滿印度風的國名，甚至會請婆羅門教的祭司婆羅門舉行

「海上絲路」與周圍區域

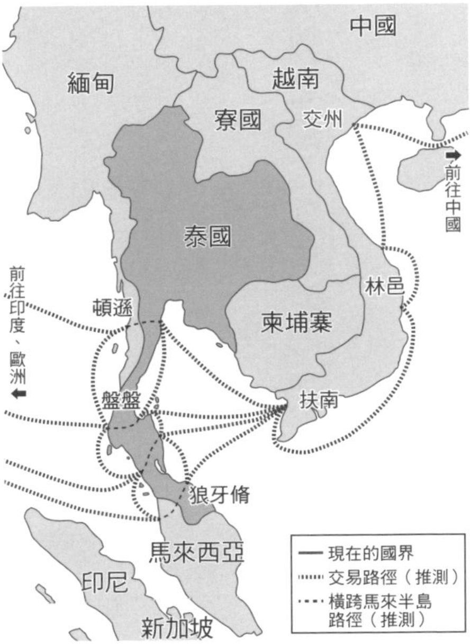

儀式，因此這些國家可稱為「小印度」。

小印度不只出現在泰國，還可見於東南亞各地。當時只有中國以文字記錄下泰國的風貌，所以這些國家的名字都是漢字。

佛教之國陀羅缽地

中國歷史書籍提到，西元六世紀有個名叫頭和的國家，曾向中國南北朝時代的陳朝，也就是南朝最後一個朝代進貢，書中後來還提到名為陀羅缽地的國家。

過去我們其實並未掌握到陀羅缽地這個國家究竟在哪裡，不過進入二十世紀後，人們在位於曼谷西邊約五十公里的那坤巴統（佛統府）發現刻有「Dvaravati」文字的銀幣，這才得知原來陀羅缽地位於泰國中部。Dvaravati在印度古語梵文意指「通海港口」，所以陀羅缽地也被歸類為小印度。

陀羅缽地自六世紀到九世紀在泰國中部、東北部握有廣大勢力，甚至集結數個城市，建立起聯邦。

當時這個地區居住著孟－高棉語系（遍布中南半島南部的語言）的人們。一般認為，裡頭的孟族人（目前居住在泰國中部至緬甸南部區域的民族）應該就是陀羅缽地的主要民族。

而陀羅缽地的中心處應位於那坤巴統附近，目前此處有著泰國最大的佛塔——佛統大塔。這座大佛塔的本體是陀羅缽地時代

所建，造型就像戴上三層帽子，約莫在十九世紀中期完成。

陀羅缽地時代的城鎮遺跡可見於泰國各地。大多數的城鎮都被橢圓形溝渠所包圍，屬環壕聚落。時至今日，泰國東北部仍有許多村莊座落在溝渠之內，其溝渠俯視形狀如甜甜圈，而這些村莊就是過去陀羅缽地城鎮的所在處。

一般推測陀羅缽地的佛教應相當普及，才會留有佛寺遺跡，甚至能從中挖掘出佛像、法輪（被譬喻為釋迦牟尼所傳之佛法，環形形狀如船舵）等古物。

馬來半島的佛教藝術

另外，到了七世紀，還出現一個以馬來半島與蘇門答臘島（今印尼）間的麻六甲海峽為活動中心，名為室利佛逝的王國。

這時人們已經擁有長距離航海的能力，海上絲路不再需要經陸路橫跨馬來半島，而是能夠穿越麻六甲海峽後，直接航行並往返於太平洋及印度洋之間。室利佛逝便是掌控麻六甲海峽這連接東西重要路徑的國家。

其中心地為蘇門答臘島南部的巨港。唐朝僧人義淨造訪印度時就曾路經此地，相關紀錄甚至提到這裡是佛教非常盛行的城鎮。

不過，目前我們已無法在巨港找到佛教曾經興盛的跡象，因此可以猜測室利佛逝應該就跟陀羅鉢地一樣，都是由幾個都市集結而成的聯邦。

室利佛逝在十世紀變成了另一個國家的一部分，中國稱此國為三佛齊，相傳其持續存在至十四世紀左右。

其實，泰國南部留有當時所建的佛寺，因此有人認為室利佛逝的中心地說不定就位於泰國境內。室利佛逝佛教藝術的特色是一座巨大佛塔配置許多小佛塔，最典型的例子就是位於泰國南部猜亞的博洛瑪泰猜亞寺佛塔（7頁）。

於猜亞更南邊還有一個古稱單馬令的城鎮——那空是貪瑪叻（也稱洛坤），這裡的大佛塔歷史也可追溯至室利佛逝時期。

這類佛教藝術類型在泰國又名為室利佛逝式。

高棉帝國的影響

七世紀又有另一支孟—高棉語系民族，也就是高棉人的勢力進入泰國東北部。高棉人是當今柬埔寨的主要民族，他們在目前柬埔寨的位置建立起真臘王朝，並於東北部建造寺廟。

八世紀，真臘分成位居沿海的水真臘和內陸的陸真臘，陸真臘支配著泰國東北部的南側區域。九世紀初，水陸真臘再次被闍耶跋摩二世（Jayavarman II）

當時的日本

645（大化元）年，中大兄皇子聯合中臣鎌足等人發動政治改革。推行禁止豪強貴族私占土地、掌控人民的公地公民制，並導入將土地分配給人民的班田制及稅制統一的租庸調，讓日本朝律令制國家邁進。

統一，為高棉帝國拉開序幕。

高棉帝國在柬埔寨西北部建造名為大吳哥的大型都市，帝國勢力一路朝北邊和西邊擴大。

十一世紀，高棉的勢力版圖擴及泰國中部昭披耶河下游，高棉人進入陀羅缽地時代相當繁盛的城鎮。

在中國史書裡名為羅斛的中部城鎮華富里，也曾是陀羅缽地時代非常熱鬧的地點之一，但後來同樣被納入高棉帝國的版圖，成為帝國西部的重要據點。目前在

11世紀～12世紀
高棉帝國的版圖

華富里仍可見高棉式的寺廟遺跡。

許多道路從大吳哥朝四面八方延伸而出，沿路可見小廟、住宿及療養用設施。即便到了今日，與柬埔寨國界相接的東北部南側仍留下許多這類高棉式建築，其中又以十一至十二世紀建成的披邁遺跡——披邁石宮（9頁）最有名。

披邁遺跡就像是小一號的吳哥窟，最初是印度教寺廟，後來變成佛教寺廟。目前仍是泰國東北部非常知名的觀光地，常見許多遊客。

十二世紀前期，也就是蘇利耶跋摩二世（Suryavarman II）在柬埔寨建造吳哥窟的時代，高棉帝國的勢力範圍擴大到昭披耶河中游和馬來半島北部。位置靠近北部山地與平原邊界的素可泰，就座落在此勢力範圍的最北端，時至今日仍留有高棉式建築。

另外，與緬甸相接的甘加那汶里（北碧府），以及位於馬來半島最北端的碧武里，同樣可見高棉式寺廟遺跡。由此可知，這些地區都屬於高棉人的勢力範圍。

往南前進的泰人

確切時期已不可考，但目前可以知道的是，隨著中國國內漢族勢力擴大，壯侗語系族群也開始朝西、朝南移居。過去曾有人認為泰族的起源是蒙古阿爾泰山脈，但目前普遍認為應該是來自更南的區域，也就是四川、雲南省附近。

從雲南省到西藏這片高地有著長江、瀾滄江（湄公河）、怒江（薩爾溫江）、恩梅開江（伊洛瓦底江）、雅魯藏布江（布拉馬普特拉河）數條江河朝大海流去。壯侗語系的人們應該就是沿著這些江河移動，尋找有無適合建立「勐」的盆地。

十二世紀，當他們終於抵達湄公河上游時，便於目前雲南省南部的景洪建立起大型的勐，也就是現在的西雙版納傣族自治州。

其後，壯侗語系族群繼續南下，進入目前泰國的領土。順著湄公河而下後，於距離景洪約三百公里處，也就是接近泰國最北邊的清盛，建立起泰國最早的勐。

泰族遷徙路徑（過去說法）

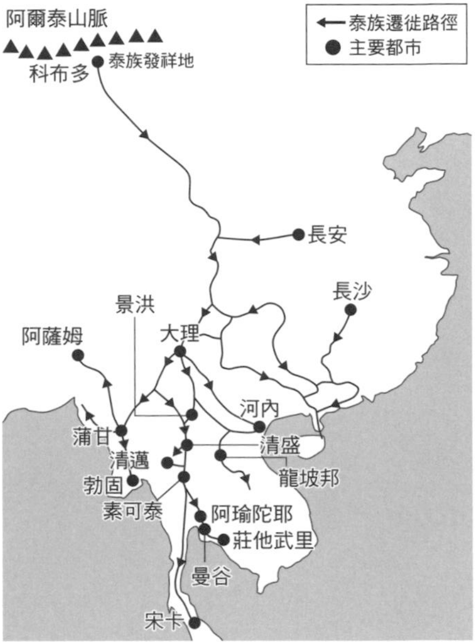

十三世紀，泰人再從湄公河流域翻山越嶺，來到昭披耶河流域，並開始建立數個大型的勐。

法籍學者喬治・賽代斯（George Cœdès）就曾用「大沸騰」一詞來形容這時的泰人。

一二三〇年代，位於清盛的勐誕生了孟萊王（Mangrai），他為了擴張自己的版圖，開始朝南展開行動。

一二八〇年代，孟萊王消滅位於濱河南奔、由孟族建立的國家——哈利奔猜，接著又在稍微偏北的地點建立起新市鎮。

一二九六年，位於清邁的新王宮完工，該國後來稱為蘭納王國。清邁在泰文是指「新城」，蘭納則有「百萬稻田」的意思。

至十四世紀，壯侗語系族群再次從清盛沿湄公河而行，於南下三百公里處的龍坡邦建立勐，並由法昂（Fa Ngum）集結周圍許多小勐建立起國家，名為瀾滄王國，即現今寮國的起源。瀾滄意指「百萬大象」。

素可泰的三個都市

據說泰國的起源可以追溯至素可泰王朝。

素可泰是位於昭披耶河支流、永河流域的一座城鎮，北邊有著綿延山地、南邊則是廣闊平原及丘陵，正好位於南北不同地形的交界處。

此外，這裡也是高棉人掌控區域範圍的最北端。

因此，高棉人很早便於素可泰和西薩查那萊地區建立起城鎮。

一般認為，當時的泰人應散居在昭披耶河流域各處，形成小型勐，並由高棉帝國所統治。

而讓泰人脫離高棉帝國掌控、首次建立大型勐的人，名叫坤邦克朗豪（Khun Bang Klang Hao）。

他原本是位於現今彭世洛府那空泰一個小型勐的首領。一二四〇年左右，他與另一名首領波孟（Pha Mueang）合作，將素可泰和西薩查那萊地區的高棉人驅逐。其後，他改名室利膺沙羅鐵（Si Inthrathit）並即位，就此揭開素可泰王朝的序幕。

素可泰王朝除了首都素可泰之外，還打造了西薩查

當時的日本

當時正值鎌倉時代，第三代將軍源實朝死後，由北條家掌權。1232（貞永元）年，在位者北條泰時下令，按武家的習俗、判例等制定御成敗式目，取代既有的朝廷律令，成為首部武家法典。

那萊、甘烹碧這二個重要都市。

西薩查那萊位於素可泰北邊五十公里處，座落在永河河岸。日本有種名為「宋胡錄」的陶器，西薩查那萊便是這種陶器的產地。

素可泰王朝的版圖

而甘烹碧則位於素可泰南邊七十公里處的濱河沿岸，猶如守護著素可泰南邊的要塞一般。

此外，西薩查那萊、素可泰以及甘烹碧這三個城市，由一條名為菩禳大道的街道相接。

偉大國王蘭甘亨

素可泰最初不過是個小國，但在第三任國王蘭甘亨（Ram Khamhaeng）的領導下，逐漸握有目前泰國大部分的領土，躍升成為大國。

蘭甘亨是素可泰首任國王室利膺沙羅鐵之子，據傳於一二七九年即位，有「大帝（mahăarâat）」之稱，形容其為偉大的國王。

而這位國王的豐功偉業都被記錄在「蘭甘亨碑」上。

這塊碑文製作於素可泰時代，是目前已知歷史最久遠的泰國碑文。其中提到「水裡有魚，田裡有稻」，可知當時的素可泰物產豐饒。碑文中還提及蘭甘亨善於傾聽民聲，人們發生爭執時會介入仲裁，可說是位情感豐富的君王。後來，蘭甘亨甚至被譽為「國民之父」，是泰人心目中最理想的國王。另外，碑文也敘述了蘭甘亨非常英勇，讓周圍的勐一一臣服，素可泰王朝的版圖也隨之擴大。

蘭甘亨時代的素可泰支配範圍不斷擴張，東及現今寮國首都的永珍，西及緬族的勃固，南及那空是貪瑪叻，北及北部的難，而這都是蘭甘亨的功勞。

由於素可泰時期的領地基本上就是泰國目前擁有的國土，所以歷史上將其定義為泰人的第一個王國。

不過，也有人認為蘭甘亨碑是偽造品。這塊碑文是在十九世紀前期，拉馬四世即位前所發現，因此被懷疑是在當時製作的。

若真是偽造品，素可泰的歷史恐將大幅改變。

國王打造的寺廟及文字

據碑文所述，蘭甘亨非常尊崇佛教，甚至以佛教治國。碑文還提到，素可泰的人民必須皈依佛門，懂得喜捨（對僧人和貧者施捨），嚴守戒律（生活上的規定）。相傳蘭甘亨從南邊的那空是貪瑪叻聘來高僧時，上座部佛教就此傳入素可泰，自此素可泰王朝的歷代國王皆篤信佛教，且建立大量寺廟。

上座部佛教（小乘佛教）是與大乘佛教齊名的佛教宗派之一。大乘佛教經中國、朝鮮傳入日本，因此又名北傳佛教；上座部佛教則是經斯里蘭卡傳至東南亞，所以有南傳佛教之稱。

上座部佛教的特徵在於會要求信眾積德。出家的僧人必須嚴守戒律修行，目標成為聖人，世俗（一般）民眾則要透過支持僧人的方式積德。民眾普遍認為，只要積德愈多，下輩子就會有更好的生活。

上座部佛教的教義從這個時期開始大範圍擴及包含泰國在內的中南半島。時至今日，不只泰國篤信佛教，緬甸、寮國、柬埔寨的宗教信仰也以佛教居冠。

另外，蘭甘亨還被認為是創制泰文的人物。因為蘭甘亨碑提到：「泰人原本沒有文字，是蘭甘亨發明了泰文。」

目前泰國使用的文字源自南印度語系的表音文字（用語音表述的文字），是把高棉人既有的高棉文字改良建構而成。

祕密專欄

泰國的世界遺產

留下大量古城建築

目前泰國共有六個景點被聯合國教科文組織列入世界遺產。其中，文化遺產包含了班清考古遺址、素可泰歷史城鎮及相關歷史城鎮、阿瑜陀耶古城；自然遺產則有通艾・華哈海音野生動物保護區、東巴耶延山・考艾森林保護區、崗卡章森林保護區。

班清考古遺址位於東北部烏隆他尼府一個名為班清的小村落（參照20頁）。

素可泰歷史城鎮及相關歷史城鎮，是由素可泰王朝建立的首都素可泰、位在北邊的西薩查那萊和南邊的甘烹碧這三個城市構成。城市有溝渠和堤防環繞，內外皆可見大量以磚瓦建造的寺廟遺跡，其中最具代表性的就是位於素可泰中心的瑪哈泰寺。

帕喜善佩寺

瑪哈泰寺

阿瑜陀耶古城是阿瑜陀耶王朝的首都遺址，王朝存在的十四至十八世紀期間相當繁榮。阿瑜陀耶王朝以昭披耶河和支流匯集處的島嶼為中心，於周圍各地打造了磚瓦堆砌而成的建築。

首都中樞偏島嶼西側，靠近由三座佛塔構成的帕喜善佩寺。北側則有當年王宮的遺址，但現在僅留下磚瓦建物的地基。

另外三個自然遺產景點，也都被讚譽森林資源豐富、有著許多野生動物。不過，不少地點對於觀光客入內人數都有限制。其中，考艾能從曼谷直接前往，算是相當受歡迎的觀光景點。

講求泰人團結的國王

南蒙王

King Ngam Muang (พญางำเมือง)
（1238～1298）

與另外二位國王結緣同盟

南蒙王是13世紀帕堯王朝一個勐的國王。

在那個時候，帕堯周圍有幾個泰人的勐，相傳南蒙王和北邊清盛的孟萊王、南邊素可泰的蘭甘亨感情很好。

據傳聞指出，南蒙王和蘭甘亨曾在華富里一起讀書，蘭甘亨甚至勾引過南蒙王的妻子，不過南蒙王最後接受了蘭甘亨的謝罪並原諒他。

1262年時，孟萊王準備擴大勢力，攻至帕堯，但南蒙王告訴他「泰人不該彼此互鬥」，甚至給予高度禮遇，二人因此建立起深刻的友誼。

1287年，孟萊王、南蒙王和蘭甘亨三人更締結為盟友。一般認為，這是為了對抗當時目標瞄準泰人勐的中國元朝。

chapter 2

阿瑜陀耶王朝

阿瑜陀耶王朝的成立

十四世紀，昭披耶河下游也開始出現幾個泰人建立的勐。其中，從高棉帝國時代就扮演著重要角色的華富里，以及位於昭披耶河西向分支，也就是他欽河三角洲的素攀武里最有勢力。

這二個勐的女王跟一位出身不明、名叫烏通（U thong）的人物結婚，並於一三五一年在二個勐中間位置的阿瑜陀耶設置首都，為阿瑜陀耶王朝拉開序幕。中國文獻中曾提到一個名叫暹的國家，應該就是指阿瑜陀耶。另外，中國史書紀錄中「暹和華富里（羅斛）團結統一」的年分，基本上與阿瑜陀耶王朝成立的年分相一致。

後來，外國稱泰國為Siam，就是中文的暹羅。目前普遍認為，阿瑜陀耶王朝前期應該被稱為Ayothya，而不是Ayutthaya。

阿瑜陀耶王朝家譜圖（羅斛、素攀武里王室）

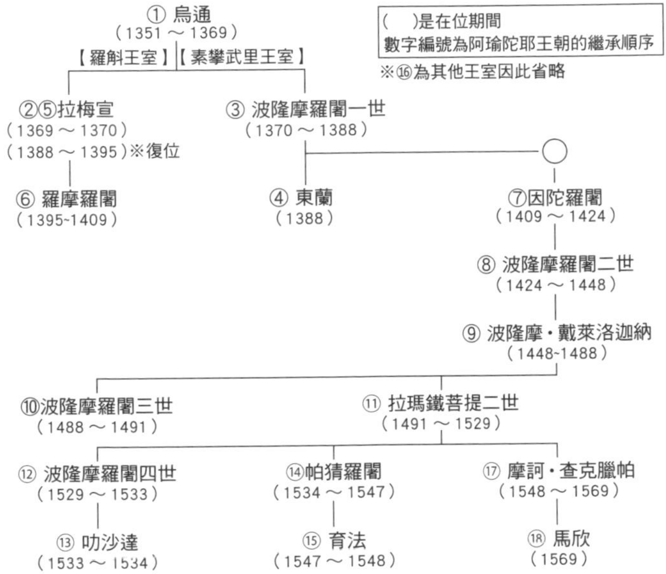

當時三角洲地區多半是低窪濕地，所以城市會座落在離海邊稍微有點距離的內陸區域。

阿瑜陀耶就離海邊約一百公里遠。昭披耶河和支流的巴塞河、華富里河匯流，形成一個島嶼般的區域，王朝首都便座落於此。

河川匯流處為交通要塞，當時的帆船能從海上直駛入河、朝上游前進，抵達首都阿瑜陀耶，因此阿瑜陀耶也是扮演著重要的貿易港。

此外，因為烏通串連起羅斛、素攀武里這二個王室並取得王權，使王位繼承之爭持續了好一陣子，後來由素攀武里王室獨占王位。

領土擴張

烏通建國後，打算立刻擴大領土，於是一三六九年派出兒子拉梅宣（Ramesuan）攻打東邊高棉帝國首都大吳哥。阿瑜陀耶王朝贏得這場勝仗後，便從高棉帝國帶出許多高棉人，並利用這些人建構行政體制。

此舉也使得高棉帝國逐漸式微，最終不敵阿瑜陀耶王朝一四三一年的進攻，終至滅亡。高棉人選擇放棄大吳哥，朝東南方移動，高棉的領地隨之淹沒在叢林中。

北邊素可泰的勢力也在蘭甘亨過世後衰弱，逐漸失去掌控權，阿瑜陀耶王朝開始猛攻北方的勐。素可泰在第七任國王時終於屈服，變成阿瑜陀耶王朝的屬國。這也意味著素可泰與阿瑜陀耶的立場互換，阿瑜陀耶開始成為泰人勐的中心。

一四三八年，第九任國王去世後，素可泰王室面臨後繼無人的問題，由尚未登基的波隆摩・戴萊洛迦納（Borommatrailokkanat）赴任素可泰東邊城鎮彭世洛的統領，掌控素可泰。自此之後，素可泰就完全被阿瑜陀耶王朝併吞。

此後，其勢力更擴及南邊馬來半島。後世編纂的《王朝年代記》提到，早在烏通時代，從南部那空是貪瑪叻到面朝麻六甲海峽的麻六甲蘇丹國（《明史》稱滿剌加王國），近半個馬來半島都聽命於阿瑜陀耶。

當時的日本

日本正值室町時代，自1404（應永11）年起與明朝開始勘合貿易。明朝採行海禁政策，禁止民間自由交易，僅允許持有勘合的船隻進行貿易。位於沖繩的琉球王國因此成為中國和東南亞之間非常繁盛的貿易中繼站。

整備行政制度

阿瑜陀耶王朝不只對外擴張領土，還整頓了國內行政，使制度更為完善。一四四八年，當上第九任國王的戴萊洛迦納將行政制度區分成民部和兵部，並設置國防大臣（Kalahom）、內政大臣（Mahatthai），以及管理對外事務和財政的外交財務大臣（Phraklang）。以阿瑜陀耶王朝的統治架構來看，就是由三位隸屬國王之下的大臣負責治國。Kalahom、Mahatthai這些字仍可見於泰國的行政部會名稱，分別指國防部及內政部。

另外，戴萊洛迦納當政時還制定了階級田地制。階級田在泰文是指名為薩迪納的水田，按官員的身分位階，會對應到不同大小的水田，水田面積以泰國面積單位萊（一萊等於一千六百平方公尺）表示。奴隸的階級田最小，為五萊；副王則對應到最多階級田，達十萬萊。

然而，實際上並非所有人都能得到相對應的田地，這只是一套用來呈現社會地位高低的指標制度罷了。但由此可得知，當時的泰國是以此區分出王室（chao）、貴族與高級官員（khun nang）、平民（phrai）、奴隸（thaat）的不同身分。奴隸即戰俘或是還不出借款而失去自由之人，必須為王室和貴族工作。

戴萊洛迦納當政時，曾為了北方的勐跟蘭納王國起爭執，所以在一四六三年暫時將首都遷至北邊的彭世洛。他為了抵禦來自蘭納的攻擊，留守彭世洛二十五年之久，而阿瑜陀耶王朝最終還是未能成功攻下蘭納。

臣服於緬族

一五三一年，緬人塔賓什威帝（Tabinshwehti）在錫唐河流域的東固稱王，且不斷擴大勢力，為東固王朝拉開序幕。

當時錫唐河流域和伊洛瓦底江下游區域，也就是現在緬甸的南方，為孟族人的勢力範圍，所以塔賓什威帝先取得對孟族的掌控權後，再繼續朝外擴張。

一五四九年，塔賓什威帝率領緬軍攻打阿瑜陀耶王朝，但被第十七任國王摩訶・查克臘帕（Maha Chakkraphat）所擊退。當時查克臘帕的王后素麗瑤泰（Suriyothai）為了幫夫君解危，也跟著出兵，並在戰場上大放異彩。

一五五〇年，塔賓什威帝過世，繼位的勃印曩（Bayinnaung，《明史》稱莽

應龍）同樣積極擴大支配版圖，在一五五八年出兵攻擊蘭納並將其攻陷。蘭納因此成為緬族屬國，其後二百年也一直斷斷續續地維持著主從關係。

接著，勃印曩將目標轉移到位在蘭納東邊的瀾滄王國。瀾滄雖然將首都從龍坡邦遷到東南方的永珍，還是躲不過遭緬族短暫統治的命運。

不僅如此，勃印曩還將攻擊之手伸向阿瑜陀耶王朝的版圖。一五六三年，緬軍攻入彭世洛，當時的城主瑪哈・探瑪拉差（Maha Thammaracha）為了宣示自己的忠誠，便交出兒子納黎宣（Naresuan）作為人質。

緬軍自一五六三年開始從北方再次朝阿瑜陀耶發動攻擊，並於一五六九年成功攻陷，取得掌控權。緬軍命瑪哈・探瑪拉差為第十九任國王，建立起傀儡政權。

其實，這位瑪哈・探瑪拉差身上流有素可泰王朝和素攀武里王室的血液，是阿瑜陀耶第三代王室，也就是素可泰王朝的創始者。

素可泰王朝家譜圖

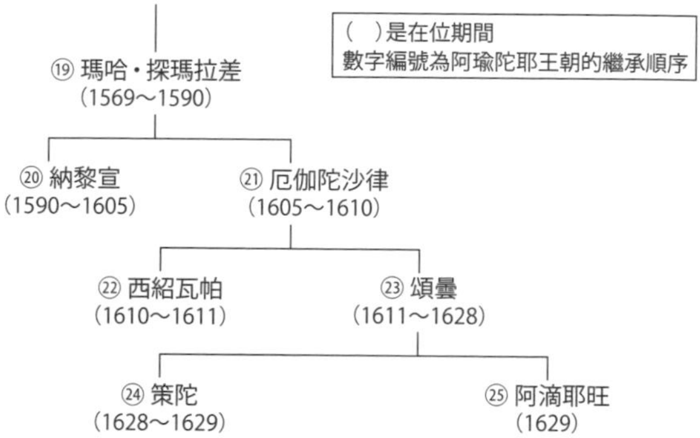

恢復獨立

一五七一年，被緬族抓去作為人質的納黎宣終於回國，並被任命為彭世洛的城主。

當時位於柬埔寨的高棉人正好朝暹羅灣沿岸的勐發動攻擊，納黎宣便以對抗高棉人為藉口，加強阿瑜陀耶的軍備。緬軍聽聞後並未反對，於是，納黎宣開始在暗地裡策謀獨立。

一五八一年勃印曩過世，東固王朝隨之式微。其後，納黎宣於一五八四年宣布脫離緬族獨立。緬族當然不肯同意，於是再次出兵阿瑜陀耶，但敗給納黎宣，只好撤退。到了一五九〇年瑪哈・探瑪拉差死去，納黎宣即位成為第二十任國王。

緬族後來也沒有停止攻擊，但在一五九二年於素攀武里的戰役中，納黎宣以戰象對決，打倒緬甸副王，取得勝利。當時打仗並非騎馬，而是騎象。

這場戰役終於結束了泰國與緬族間的紛爭，其後的一百七十年，兩國便處於相安無事的狀態。

納黎宣帶領人民脫離緬族，走向獨立，是相當偉大的國王，因此與蘭甘亨同樣被譽為「大帝（mahăarâat）」。

另外，目前普遍認為，首都名稱是在納黎宣確定脫離緬族並獲得勝利後，才從原本來自印度古都「阿約提亞（Ayothya）」的發音，改成意指難以戰勝的「阿瑜陀耶（Ayutthaya）」。

在這之後，納黎宣為了恢復阿瑜陀耶王

納黎宣時期的阿瑜陀耶王朝版圖

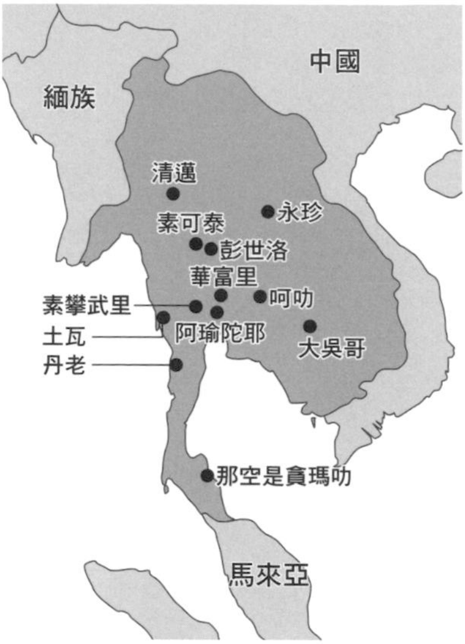

朝的國力，積極地朝各地展開軍事擴張行動，這不僅讓柬埔寨再次屈服，也讓蘭納王國俯首稱臣。

納黎宣雖然繼續北上進軍至撣邦（今屬緬甸），可惜在一六〇五年病逝。

貿易港阿瑜陀耶

結束與緬族的戰爭後，阿瑜陀耶回歸和平，並開始發展貿易。十五世紀到十七世紀期間，東南亞進入「貿易時代」，世界各地的商人為了胡椒等東南亞產物來訪。

十五世紀，來自琉球（今沖繩縣）的貿易船駛向東南亞各地，當然也造訪了阿瑜陀耶，正式開啟日本與泰國的交流。

到了十六世紀，歐洲人跟進來到東南亞，就此邁入所謂的大航海時代。商人往來熱鬧無比，阿瑜陀耶便成了當時非常繁榮的貿易港。

來到東南亞的歐洲人到處尋找胡椒等辛香料，雖然阿瑜陀耶不產胡椒，但能提供內陸採伐的林木產品。各地的勐會把從森林採伐來的香木（帶有芬芳香氣的木材）、獸皮（動物皮）、蟲膠（蟲的分泌物）上繳至阿瑜陀耶作為納稅，政府則是獨占這些特產品，賣給來自國外的商人，藉此獲利。

以阿瑜陀耶的王宮為中心，其周圍有著許多各國商人匯集居住所形成的外國人城鎮。根據當時造訪阿瑜陀耶的外國人所繪製的地圖，外國人村環繞外圍，就像圈住中心的島嶼一樣。政府會決定哪個國家的人必須住在哪裡。據說住在阿瑜陀耶的外國人比泰人還多，由此便可感受到這是一個充滿國際色彩的城市。

嶄露頭角的山田長政

阿瑜陀耶王朝的外國人村中，也有日本人村。雖然阿瑜陀耶早已可見琉球的船隻，但要等到十七世紀初期開始透過朱印船（持有德川將軍家族發行許可證之貿易船）進行貿易後，才有日本人移居於此。

日本人村位處中心島嶼南側的昭披耶河沿岸，據說極盛時期有多達一千五百名日本人居住於此。而這些居民大多是在日本受到迫害的基督徒，或是隨著戰亂結束而失業的前武士。

外國人村可擁有自治權，還能設置防衛義勇隊。日本人村的義勇隊成員有許多前武士，所以被稱讚是支很強的隊伍。

一六一二年左右，日本人村來了一位名叫山田長政的人物。山田長政原本是在靜岡沼津藩從事抬轎工作，後來搭上朱印船抵達阿瑜陀耶，靠著採購要運回日本的蘇木（可作為紅色染料的木材）、鹿皮，成功發展事業。

其後，他不僅當上日本義勇隊隊長，甚至被任命為阿瑜陀耶王朝的大臣。

一六二八年，第二十三任國王頌曇（Songtham）欽賜爵位握亞（Okya），並賜其泰國名社那披穆（Senaphimuk），山田長政便成了最高地位的官員。

一六二八年頌曇過世，根據遺囑由王子策陀（Chettha）繼任，並由山田長政擔任其監護人。

不過，被任命為國防大臣、和山田長政一起輔佐君主的巴沙通（Prasat Thong）卻與策陀對立，於隔年處刑策陀，並自立為王。

山田長政雖然反對巴沙通之舉，但當時南部那空是貪瑪叻發生叛亂，他被巴沙通指派擔任領主並前往平亂，就這樣被順勢趕出阿瑜陀耶。最後，山田長政在一六三〇年於該地遭毒死。

不久之後，日本受到鎖國政策的影響，於一六三五年派出最後一艘朱印船，就中止貿易活動。日本人無法繼續造訪阿瑜陀耶，日本人村也隨之沒落。

不過即便鎖國，日本還是允許荷蘭和中國的船隻入國，所以泰國後來仍持續利用這兩國的船隻，維持日泰之間的貿易。當時，來自中國的船稱為「唐船」，船隊裡會夾雜著阿瑜陀耶的船隻。

和荷蘭打好關係

巴沙通自行宣布成為第二十六任國王後，從瑪哈・探瑪拉差開始延續下來的素可泰王室也就此畫上休止符，並開啟阿瑜陀耶第四個王朝——巴沙通王朝的序幕。

這時的葡萄牙不僅支持阿瑜陀耶屬國大泥（北大年）發動叛亂，更強化在印度洋的勢力。這讓巴沙通抱持警戒，擔心葡萄牙此舉會對印度洋側的土瓦、丹老（今屬緬甸）等港口城市帶來影響，於是利用與荷蘭的關係，試圖牽制關係對立的葡萄牙。

在巴沙通的求助下，荷蘭派遣軍艦前往大泥，支援正在鎮壓反叛勢力的阿瑜陀耶軍隊。此舉讓荷蘭東印度公司得以掌握將鹿皮、蘇木等重要商品出口給日本的權力，並企圖壟斷市場。

此外，巴沙通還改變現有體制，將國防大臣及內政大臣管理的勐一分為二。國防大臣負責管轄阿瑜陀耶以南的勐，內政大臣則是管控北方的勐。

巴沙通王朝家譜圖

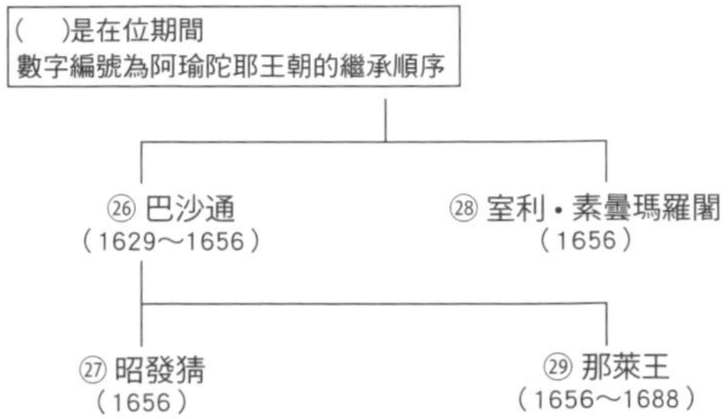

巴沙通這麼做是為了打散掌權者，避免出現威脅自己地位的人。

另外，巴沙通還禁止部分地區的勐首領以世襲傳位，要求由阿瑜陀耶派出的官員擔任首領，此舉也讓權力更加集中在巴沙通手上。

差點遭法國掌權？

阿瑜陀耶王朝在第二十九任國王——那萊王（King Narai）任內迎來極盛時期。那萊王在華富里建造離宮作為第二首都，停留在華富里的時間甚至比阿瑜陀耶長。另外，他還將軍隊派遣至蘭納和緬甸，強化對印度洋沿岸港口的掌控。

不過，一六六二年發生了荷蘭船奪取阿瑜陀耶的唐船事件，導致泰荷關係惡化，荷蘭艦隊隔年甚至封鎖了昭披耶河。那萊王雖然選擇息事寧人，卻也開始思考該怎麼處理與荷蘭之間的關係。

就在這時，法國登場了。

一六六二年，法國傳教士前往中國時途經阿瑜陀耶。那萊王非常歡迎傳教士的到來，希望加深與法國之間的關係，藉此制約荷蘭。時任外交財務大臣的希臘人康斯坦丁・華爾康（Constantine Phaulkon）也很支持這項決定。順帶一提，華爾康的妻子是日本人。

一六八四年，那萊王決定派遣使節團前往法國，簽訂同盟條約。使節團抵達法國後，晉見了法王路易十四，隔年法國的使節團也來到阿瑜陀耶。不過，法國使節團卻提出諸多要求，像是要那萊王改信天主教，以及比照荷蘭的貿易特權，導致交涉遲遲未有進展。後來，法國使節團將阿瑜陀耶使節團帶回國，繼續在法國對談。

一六八七年，法國軍艦沿昭披耶河而上，占領了那萊王允許法國人在吞武里（今曼谷）所建造的碉堡，並強烈希望法軍也能駐屯在丹老的碉堡。那萊王不得已只好點頭應允，並和法國簽訂條約，這卻讓阿瑜陀耶陷入可能遭法國占領的危機。

愛國者解救阿瑜陀耶王朝！

後來化解這次王朝危機的，正是象隊統領——帕碧羅闍（Phetracha）。帕碧羅闍出身素攀武里農家，因為母親是那萊王的乳母，才得以出人頭地。那萊王主打靠攏法國的政策時，國內其實有出現反彈聲浪，帕碧羅闍巧妙地利用這股勢力，成為反法派的代表。

一六八八年那萊王病倒，帕碧羅闍便相繼把親法派代表華爾康及那萊王的繼位者殺害，自己登基為王，就此將阿瑜陀耶推向第五個王朝——班普鑾王朝。

當上第三十任國王的帕碧羅闍與法軍交涉，成功要求對方退出呑武里的碉堡。不過，帕碧羅闍並未斷絕所有的對外交流。他還是維持與荷蘭的關係，允諾對方能壟斷鹿皮、錫的交易，同時讓一度離開阿瑜陀耶的法國傳教士重啟在國內的傳教活動。甚至一如既往，讓唐船持續從阿瑜陀耶駛向長崎。

然而，帕碧羅闍當初是靠武力政變結束那萊王室政權，導致各地出現反抗勢力。一七〇三年帕碧羅闍過世，其子素里延塔鐵菩提（Suriyenthrathibodi）繼承王位，成為第三十一任國王。謠傳素里延塔鐵菩提其實是那萊王的私生子。素里延塔鐵菩提的稱號為「帕昭・素（Phra Chao Suea）」，Suea在泰文指「老虎」。因為他生性殘忍，於是又被稱為「虎王」。

但據說素里延塔鐵菩提也有很親民的一面，他會頻繁走訪各地，喜歡到處釣魚、狩獵，且擅長泰拳，據說會自己想出一些新招式。

他對於貿易也相當熱衷，下令建造連起昭披耶河和他欽河的瑪哈猜運河，讓船隻往來更容易。

班普鑾王朝家譜圖

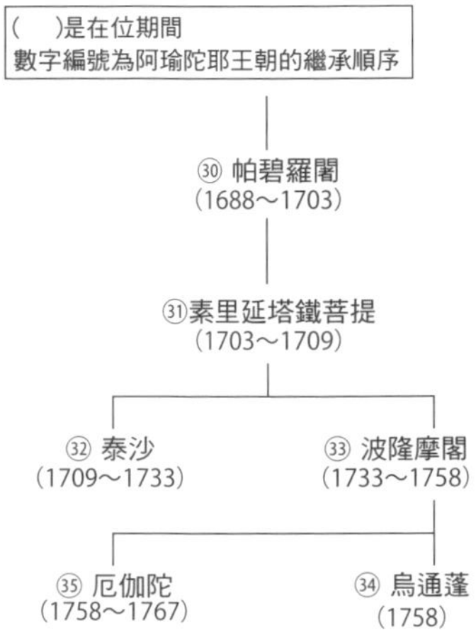

暴風雨前的寧靜

一七〇九年素里延塔鐵菩提過世，其子帕昭・泰沙（Phra Chao Thai Sa）繼任第三十二任國王。Thai Sa意指「池邊」，據說他的王宮就位在池岸邊，所以以此命名。

當時阿瑜陀耶王朝和中國的貿易相當興盛，甚至首度將稻米出口給清朝，因為清朝人口增加，出現稻米不足的情況。十八世紀起，中國商人取代荷蘭商人，擔負起跟中國、日本間的貿易往來。

阿瑜陀耶國內雖然一切和平，但鄰國柬埔寨的親泰派和親越派卻傳出對立，親泰派前來求援，於是泰沙派出軍隊處理。最後，親泰派的柬埔寨國王承認自己為阿瑜陀耶王朝的屬國。

一七三三年，波隆摩閣（Boromakot）就任第三十三任國王，他也是素里延塔鐵菩提的兒子，是上任國王泰沙的弟弟。波隆摩閣在繼承王位時出現許多紛爭，於是決定改革行政體制，避免權力過度集中在某些有權的特定人士手上。

波隆摩闍不僅增加公所（Krom）數量以分散權力，還將原本國防大臣管控的南方勐支配權轉移給外交財務大臣。

不過，這項改革導致每間公所管理的居民人數減少，當戰爭發生時，就很難調度居民、集結兵力。

另外，波隆摩闍在位期間，佛教相當興盛。他每年都會去華富里附近發現的佛足石（留有釋迦牟尼足跡的石頭）參拜，是位相當虔誠的佛教徒。

這消息甚至傳到了斯里蘭卡。斯里蘭卡國王很擔心國內的佛教逐漸式微，於是向波隆摩闍求助，希望能復興佛教。對此，波隆摩闍派遣僧人團前往斯里蘭卡，創立暹羅派。

一七五八年波隆摩闍過世，王室內部對立情況變嚴重。烏通蓬（Uthumphon）依照波隆摩闍的遺言繼承了王位，但僅在位十天，就被迫將王位讓給兄長。

接著，阿瑜陀耶王朝第三十五任國王，同時也是最後一任國王厄伽陀（Ekkathat）即位。國防大臣對此感到不滿並發動叛亂，但仍以失敗收場。

阿瑜陀耶就此滅亡

波隆摩闍派遣僧人團前往斯里蘭卡的期間，西邊的緬族建立了新的王朝。一七五二年東固王朝滅亡後，雍籍牙（Alaungpaya）統一了紛亂的緬甸，登基為王，建立貢榜王朝。

雍籍牙跟當年東固王朝成立時一樣，也想要積極擴展勢力。

當時的日本

江戶幕府第8代將軍德川吉宗推動的享保改革結束後，主張神道的竹內式部開始批判幕政，並提倡尊王論，認為應該從武家手中取回執政權。幕府對於竹內的這項舉動深感警戒，於是1758年發生了將其流放的寶曆事件。

一七六〇年，雍籍牙拿下靠近印度洋的土瓦、丹老等港口，打算跨越馬來半島，侵入泰國，於是從南側包圍阿瑜陀耶王朝。不過，雍籍牙在遠征途中受傷，緬軍只好撤退，雍籍牙也在撤退途中病死。

然而，貢榜王朝後來仍持續對泰國發動攻擊。

一七六三年即位的第三任國王辛標信（Hsinbyushin）出兵蘭納並將其拿下，就連瀾滄王國也表示願意追隨貢榜王朝。辛標信終於掌控住阿瑜陀耶王朝北邊，分別從南北進軍，對阿瑜陀耶展開夾擊。

厄伽陀卻非常樂觀，不認為阿瑜陀耶會被攻陷，所以並未認真備戰。再加上波隆摩闍時代公所劃分配置變得更細，導致動員居民進行防禦的作業難度增加。

最後，阿瑜陀耶真的被緬軍包圍，補給線也隨之中斷。

一七六七年四月，阿瑜陀耶遭到攻陷，歷經四百一十六年歷史的阿瑜陀耶王朝就此滅亡。

為查克臘帕國王解危的王后

素麗瑤泰

Suriyothai (พระสุริโยทัย)

(？～1549)

親自投身戰場的女中豪傑

素麗瑤泰是阿瑜陀耶王朝第17任國王查克臘帕的妃子。

查克臘帕即位不久，緬軍便朝阿瑜陀耶攻來。他在素攀武里迎擊緬軍，但勢力不敵對手，只好一路退回阿瑜陀耶。

這時，素麗瑤泰女扮男裝，跟著兩位王子一起乘象出兵。

正當敵將騎著大象追上同樣騎象逃跑的查克臘帕、準備發動攻擊之際，素麗瑤泰趕緊騎象衝至兩人中間，因此遭砍身亡。

不過，多虧了素麗瑤泰的解危，阿瑜陀耶王朝得以成功擊退緬軍。

素麗瑤泰英勇的表現也讓她被譽為泰國四大女傑，是非常受人尊敬的泰國模範女性。

chapter 3

吞武里王朝與拉達那哥辛王朝

鄭信一統天下

緬軍攻陷阿瑜陀耶後，僅將部分軍力留在當地，便立馬返回緬甸。當時貢榜王朝其實也和清朝處於對立，所以緬軍準備繼續向清朝進攻。

在這樣的局面中，泰國國內有五大勢力各自積極擴展，希望早他人一步完成統合天下的任務。

一七六七年十一月，鄭信（達信）成了首位成功從緬軍手上奪回阿瑜陀耶之人。

鄭信擁有華裔血統，曾被阿瑜陀耶的貴族收養，才得以出人頭地，當上北部達府的首領。當他聽到阿瑜陀耶被攻擊時，趕緊前去援助，卻不幸敗給緬軍，只好逃到暹羅灣沿岸的莊他武里。

鄭信在這裡接受來自中國潮州（廣東省北部）的商人援助、重整態勢，從暹羅灣沿昭披耶河而上，奪回緬軍占領的吞武里碉堡。

其後，鄭信鎖定阿瑜陀耶繼續北上，成為五大勢力中最快趕走緬軍、重新奪回阿瑜陀耶之人。接著，鄭信返回吞武里，並於十二月登基為王。

後來，鄭信開始對其他有力人士施壓，目標統一泰國國內。

其餘四股勢力的據點分別為北部的彭世洛和烏塔拉迪特、東北部的披邁、南部的那空是貪瑪叻。鄭信在一七六九年平定披邁和那空是貪瑪叻兩股勢力，接著又在一七七〇年一掃北部勢力。

不久，南部的北大年等幾個小勐也在鄭信的威勢下成為屬國。拒絕成為屬國的柬埔寨則是被鄭信帶領的軍隊攻入，失去西北邊的馬德望和暹粒。

新首都吞武里

一七六七年十二月，鄭信設都吞武里，建立吞武里王朝。

吞武里有著那萊王時代法國人所建造的碉堡，船隻若要從河口沿昭披耶河而上前往阿瑜陀耶，吞武里就是第一個會經過的關口。

該碉堡位於昭披耶河西岸，旁有一座橄欖樹佛寺（Wat Makok）。這附近從阿瑜陀耶王朝時代以來就被稱為Bangkok，意指「長了Makok（橄欖樹）的村落（Bang）」，也是現在曼谷這個名稱的由來。鄭信在這座碉堡的一個邊角建造王宮，修復橄欖樹佛寺，因此該寺後來又被稱為「鄭王廟」或「黎明寺」。

鄭信為了擴張領土，不斷將軍力送往蘭納和瀾滄，並將這項任務交給了心腹昭披耶・札克里（Chaophraya Chakri）和他的弟弟。

一七七六年，吞武里王朝終於平定蘭納，將駐屯蘭納的緬軍驅逐，成功把蘭納收為吞武里的屬國。

與此同時，瀾滄王朝從北依序分裂成龍坡邦、萬象（永珍）、占巴塞三個國家，並於一七七八年前都臣服於札克里之下。

吞武里王朝的版圖

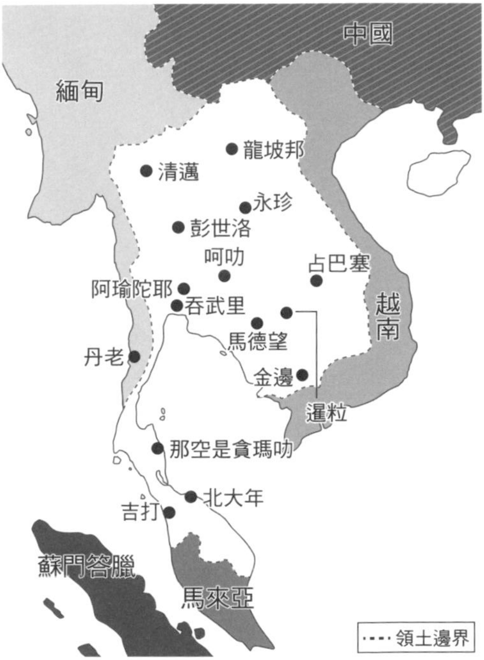

鄭信甚至將萬象寺廟的玉佛當成戰利品帶回國內，供奉於黎明寺。

另外，鄭信還派遣使節前往清朝，希望對方認可自己是繼承阿瑜陀耶王朝的正統泰王，於是請求乾隆皇帝冊封暹羅國王鄭昭之名。

不過，乾隆懷疑鄭信根本就是消滅了阿瑜陀耶王朝，遲遲不肯承認他是王朝繼承者。清朝最後雖然承認鄭信是國王，但並未對其冊封。

鄭信垮台

鄭信雖然短期間內再次建立起泰人之國，卻與阿瑜陀耶時代的權貴人士形成對立。鄭信的家世並不顯赫，當他建立吞武里王朝，又讓阿瑜陀耶王朝的貴族恢復勢力後，據說因為雙方身分懸殊，導致彼此漸行漸遠。

再加上鄭信不過問身分，只要夠忠誠，他都會將對方延攬至身旁重用，使得從阿瑜陀耶王朝時期就一直擔任要職的貴族們深感不滿。

在這樣的對立狀態下，吞武里王朝進入一七七〇年代末期，這時開始流出鄭信發瘋的傳言。據說他修行進入預流果境界（修行者的初果階段）後，便要求僧人朝自己跪拜。

上座部佛教認為修行僧人的地位高於世俗之人，就算是國王也必須尊敬僧人。因此當鄭信出現這樣「怪異」的言行後，自阿瑜陀耶王朝留下的貴族們便覺茲事體大。

當時，昭披耶・札克里等人正好被派往柬埔寨，展開與越軍之間的戰鬥。時間來到一七八二年，反鄭信人士發動政變的消息傳到札克里耳裡，札克里兄弟趕緊回到吞武里平定騷動。

然而一七八二年四月，昭披耶・札克里便處決了鄭信、自立為王，人稱拉瑪一世。泰國就此開啟延續至今的拉達那哥辛王朝（札克里王朝）。

當時的日本

1782（天明2）年～1787（天明7）年期間，關東到東北地區發生天明大饑荒。尤其是岩木山與淺間山相繼火山噴發，導致日照量減少、農作物產量銳減。當時還有疫病流行，據說日本全國餓死或病死的人超過90萬。

拉達那哥辛王朝的成立

拉瑪一世心想著要在新地點重現跟阿瑜陀耶一樣宏偉的首都，但鄭信打造的吞武里王宮占地狹小，並不適合設置大型首都。於是，拉瑪一世決定在昭披耶河對岸的東岸設立新首都。

拉瑪一世建造玉佛寺作為宮內寺廟，並將原本安置在黎明寺的玉佛遷移至此。另外，還在王宮和玉佛寺北邊打造名為皇家田廣場的大型廣場。

王宮部分區域也仿照阿瑜陀耶挖掘運河，感覺就像是座島嶼。

拉瑪一世設都吞武里之後，便建設了一條名為庫孟敦運河的水路。中國人很早就居住在運河和昭披耶河之間的區域，形成中華街。

此後，拉瑪一世繼續向外挖鑿出洛宮運河，並在這條水路及昭披耶河沿岸蓋起城牆。沿著河川、運河建立的城牆所環繞出的區域，後來被稱為拉達那哥辛島，作為新首都曼谷的中樞地帶。另外，原本的中華街則被遷移到拉達那哥辛島東南方的外側，進一步發展成現今曼谷的中華街。

拉瑪一世將新首都取了個開頭為恭貼瑪哈納空（Krung Thep Maha Nakhon）的名稱，意思為「天使之城、偉大之都」。

拉瑪一世時期的泰國版圖

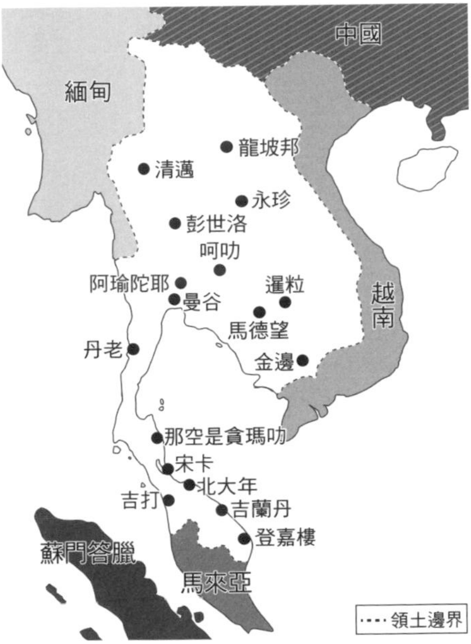

其正式名稱共計六十九個音節，是金氏世界紀錄中名字最長的首都，但裡頭多半是裝飾用詞。泰國人都以簡稱「恭貼」稱之，外國人則習慣用以前流傳的地名「曼谷」稱之，目前Bangkok亦是正式英文名稱。

拉瑪一世的英勇事蹟

拉瑪一世繼承了鄭信打造的大型勐，並努力維持住勐的規模。自他即位之後，也持續跟緬軍抗戰。

鄭信出兵奪回阿瑜陀耶時，緬軍正與清兵交戰，只好選擇迅速撤離。但緬族在貢榜王朝鞏固好自己的勢力後，便再次對東邊的泰人國度發起攻勢。

一七八五年，緬族從北邊、西邊、南邊共六處朝泰國出兵，但拉瑪一世早已察覺緬軍動向，於是朝緬軍可能會選擇的入侵路徑派遣軍隊因應，最終成功擊退緬軍，守住拉達那哥辛王朝。

此外，拉瑪一世還發現在跟緬軍對戰時，南邊的那空是貪瑪叻協助意願不高，於是將管理南方馬來人屬國的權限，從那空是貪瑪叻手中交付給更南邊的宋卡。

不只那空是貪瑪叻，另一個馬來人屬國北大年也拒絕服從拉瑪一世，於是拉瑪一世下令出兵拿回掌控權、換掉原本的首領，迫使北大年承認南方的吉打、吉蘭丹、登嘉樓（今屬馬來西亞）都是拉瑪一世的屬國。不過，當時吉打的首領卻自作主張，承認英國擁有自己轄下檳榔嶼領土的主權。

在這之後，拉瑪一世更將柬埔寨西北邊的馬德望、暹粒改成可直接掌控的直轄領地，比鄭信時代更加強對地方的支配權。

拉瑪一世掌控了各地的屬國後，進一步要求這些屬國的居民搬遷到新都曼谷或附近區域，協助開墾土地。

以曼谷東邊來說，就居住了很多從南北上的馬來人。

拉達那哥辛王朝家譜圖

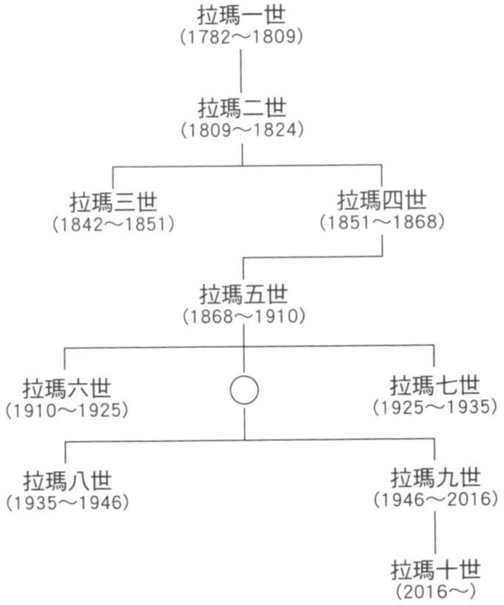

馬來人是穆斯林回教徒，因此在此建立了清真寺，延續做禮拜的習慣。時至今日，這裡除了金碧輝煌的佛寺外，亦可見許多清真寺，市場也會販售清真料理。

至於跟清朝的關係，拉瑪一世即位後立刻送出文件，向清朝報告：「鄭信死了，由我登基成新王。」並於一七八七年順利得到清朝的冊封。

順帶一提，拉瑪一世對外宣稱自己是鄭信的兒子，因為父親死了，所以自己是正當繼承王位。

與越南的對立

拉瑪一世於一八〇九年過世，隨即由兒子即位，稱拉瑪二世。緬軍誤判情勢，以為王位繼承會使泰國國力衰退，於是再次出兵攻打南邊的普吉島，結果遭泰軍驅逐。後來緬軍的進攻減少，但與越南在東邊柬埔寨的對立情況卻變得激烈。

拉瑪一世在位時，阮福映統一了整個越南，建立阮氏王朝，並對柬埔寨強力施壓。當時泰國認為柬埔寨是自己的屬國，使得泰越雙方的對立漸趨嚴重。

柬埔寨國王安贊二世（Ang Chan II）為了閃避來自宗主國泰國的壓力，選擇朝越南靠攏。

一八一二年，拉瑪二世出兵柬埔寨，安贊二世甚至逃亡越南。後來安贊回國，將首都從原本的烏棟搬到較靠近越南的金邊。柬埔寨為了不受泰國干涉，繼續強化與越南的關係，此舉使泰越關係更加惡化。

這時，越南甚至要求安贊二世朝貢，所以泰國和越南同為柬埔寨的朝貢對象。換句話說，柬埔寨既是泰國，卻也是越南的屬國。

當時的日本

18世紀末開始，俄、英、美的船隻紛紛來到日本，希望能靠港通商，幕府卻在1825（文政8）年發布異國船驅逐令，不僅無條件驅除所有來航的外國船隻，更命令全日本大名一旦發現外國人上岸就要將其逮捕處刑。

同個時期，英國打算在東南亞設置新據點，因此泰英間的關係也變得相當重要。一八一八年，緬甸再次揮軍攻打泰國南部之際，吉打提供緬軍支援，泰國便以此為由，於一八二一年攻破吉打。

當時，吉打的首領逃往英國屬地的港口檳榔嶼，尋求英國的保護。於是英國派出外交官約翰・克勞福（John Crawfurd）前往曼谷，與泰國進行交涉。

約翰提出了兩項請求：恢復吉打首領的地位、讓英國人能在泰國自由貿易，拉瑪二世卻雙雙回絕。最終，英國只成功從吉打首領手中取得檳榔嶼的所有權。

首份條約

一八二四年拉瑪二世過世後，由側室長子繼位為拉瑪三世。

拉瑪三世篤信佛教，建立並修復許多寺廟。舉例來說，他延續一直進行中的黎明寺修復作業，並打造了大型高棉式佛塔，至今仍佇立在昭披耶河畔。

另外，他還修復並擴建當今以涅槃佛（臥姿之佛）和泰式按摩學校著稱的臥佛寺，寺院境內的各項建築基本上都是在這個時期完成。

當時拉瑪三世下令，要將按摩等泰國傳統醫療知識記錄下來，並收藏在寺中，這也使得臥佛寺成了泰式按摩的重要據點。

拉瑪三世在位期間，泰國與英國的關係也起了巨大變化。

緬軍在一八二四年開打的英緬戰爭中落敗，只好將西邊的阿拉干（今若開）和馬來半島西海岸的丹那沙林（今德林達依）割讓給英國。這個結果不僅讓泰國體認到英國強大的軍事力量，邊境也開始與英國殖民地相接。

一八二五年，英國派遣東印度公司的亨利・伯尼（Henry Burney）前往泰國，遊說泰國締結條約。

英國最主要的目的是想與泰國進行自由貿易，對於王室長年獨占貿易特權的泰國當局來說，要將條件放寬到什麼程度就很重要了。

伯尼精通泰文，所以能與政府高官進行非常深入的對談。

最後，泰國與英國在一八二六年簽訂條約。泰國更將此條約稱為《伯尼條約》。這也是泰國與歐美國家簽訂的第一個條約，屬於平等的友好條約。針對最關鍵的貿易項目，條約中訂立依照船隻大小課稅的船幅稅，藉此取代其他各項稅金，實現了有條件的貿易自由化。

不過，泰國卻也因為這項條約，失去貿易時可獲得的稅金和手續費，以致國家收入減少。

對此，泰國擴大徵稅請負制度，希望確保稅收。

所謂徵稅承包制度，是指政府設定新的稅金項目，並召募一群承包人，負責幫政府集結稅金，再將稅金上繳國庫。而答應政府會繳交最多稅金之人，則將被委任徵收稅金的工作。

有了這項制度之後，政府什麼事都不必做，也能確保收入源源不絕。

承包徵稅者會將徵收來的稅金和上繳政府的稅金差額放進自己的口袋裡，這也讓主要負責這項工作的中國人累積了大筆財富。

泰國的徵稅承包制度

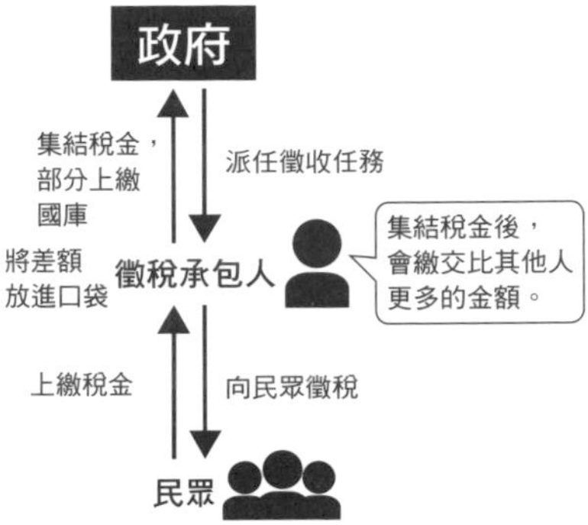

屬國叛亂

在拉瑪三世的時代，泰國周邊屬國仍持續處於對立狀態。

瀾滄本是泰國屬國，但因為人在永珍的國王昭阿努（Anouvong）想擴大勢力，於是開始暗中行動，導致與曼谷的關係惡化。再加上一八二七年出現英國將攻打泰國的傳聞，促使昭阿努從永珍率兵朝曼谷出發。

昭阿努的軍隊前至東北邊的呵叻時，呵叻副首領之妻陶素拉那里（Thao Suranari）以機智的戰術拖延入侵軍隊。這也讓泰國爭取到時間，從曼谷出發的鎮壓部隊得以成功驅逐昭阿努軍，昭阿努只好逃亡越南。

其後，瀾滄的首都永珍遭破壞，領土更是一分為三，永珍和占巴塞則成了曼谷的直轄領地。

另一方面，柬埔寨國內同樣持續著對立狀態。

一八三三年，拉瑪三世出兵柬埔寨時，雖然軍隊挺進到越南南部，最終仍以失敗收場。

隔年，安贊二世在柬埔寨過世，由王女繼承王位，卻成了越南的傀儡政權。對此，反越南派人士希望能讓當時人在曼谷的安東王子（Ang Duong）回國。於是，拉瑪三世讓安東回國，並從泰國派兵，持續與越南的戰爭。

最後雙方在一八四五年達成停戰協議，越南承認安東王子即位的同時，將兵力撤出柬埔寨。

祕密專欄

泰式料理

充滿刺激風味的傳統料理

泰式料理的特色在於大多為辛辣的口味。因為使用大量辣椒，會辣是一定的。除了辣之外，有些料理可能還充滿鹹味、甜味甚至是酸味。

泰國人嗜辣，認為吃辣流汗之後就會覺得涼爽。而這些料理會作為小菜搭配主食米飯，所以調味都偏重。

說到泰式料理，最有名的當然就是酸辣海鮮湯（冬蔭功）了。

這是道以蝦為主要食材的辣湯，為世界三大湯品之一。不過，酸辣海鮮湯原本也是用來配飯的菜餚，澆淋在白飯上品嚐就能減緩辣味。泰文中，冬蔭（tom yum）是指酸味十足的燉煮料理。食材除了蝦子，酸辣海鮮湯有時也會使用雞肉或魚類。

酸辣海鮮湯

打拋豬肉飯

其實泰式料理原本的烹調手法很簡單，多半以煮、烤為主。泰國東北部的伊善料理（如：涼拌青木瓜絲、烤雞等），烹調方式也很單純。此外，與北部不同，東北部的泰人習慣吃糯米。

另外，泰國也受到中式料理影響，有用油炸、炒的料理及麵類。日本頗為流行的打拋豬肉飯，就是將羅勒、豬肉、雞肉炒過後擺在白飯上的料理。

常見的炒河粉則是把中式炒麵改成泰式做法，使用以米粉製成的麵類加以熱炒。跟越南河粉類似、放入湯中品嚐的粿條，亦是泰國不可錯過的街邊小吃。

讓詩變得更平易近人的泰國詩聖

順通鋪

Sunthorn Phu (สุนทรภู่)

(1786～1855)

為國王創作助力的宮廷詩人

順通鋪是活躍於拉達那哥辛王朝的詩人。父親為平民，母親身上留有貴族的血統。其母作為乳母侍奉王宮，所以順通鋪也跟著入宮成為官員。不過，他因與宮女譜出戀情被捕，隨後遭流放到父親的出身地，也就是暹羅灣沿岸的格靈，並於這時創作出第1本遊記《格靈紀行》(Nirat Mueang Klaeng)。

後來，順通鋪受到拉瑪二世賞識，成為宮廷詩人，幫助拉瑪二世創作出知名文學作品《坤昌坤平》(Khun Chang Khun Phaen)。順通鋪同樣受到拉瑪四世重用，並於這時期撰寫了長詩《人魚傳說》(Phra Aphai Mani)。

其作品最大特色在於並未使用過去艱澀的作詩手法，而是運用簡單語彙構成的音律，讓詩在泰國變得更普及。

chapter 4

對抗帝國主義

博學之王拉瑪四世

拉瑪三世過世後，拉瑪四世蒙固王（King Mongkut）於一八五一年即位。他是拉瑪二世正室之子，在拉瑪三世準備登基前便出家為僧，故即位前並未涉入政治，而是每天沉浸在英語、佛教、占星術等各種學問裡。他擅長英文，能與曼谷的歐美人交流，甚至閱讀來自新加坡的英文雜誌，所以對於國際情勢也有所掌握。

此外，蒙固王為了讓自己的孩子也能學習新知，即位後便聘請英國女性安娜・李奧諾文斯（Anna Leonowens）擔任家教。後來，安娜將自己的經歷寫成小說，也就是電影《國王與我》的原著。電影描述聰明的英國女性啟蒙了拉瑪四世，把拉瑪四世形容成無知的亞洲國王，但其實拉瑪四世本身就是泰國數一數二的知識份子。

拉瑪四世完全沒有政治經驗，因此找來從阿瑜陀耶王朝時代就是名門貴族的汶納家族，請家族的有力人士擔任國防大臣和外交財務大臣。不僅如此，他也讓在政界擁有一定權力的弟弟賓告（Pinklao）擔任副王。借助權力者的權威與聲望，彌補自己在政界經驗不足的部分。

首份不平等條約

拉瑪四世最大的功績就是與英國簽訂新的條約。

兩國雖然已經有了《伯尼條約》，但英國想要更高度的自由貿易。

與此同時，長年扮演著亞洲核心的中國清朝於鴉片戰爭中敗給英國，這對歷代國王都受到清朝冊封的泰國而言是非常大的衝擊。此外，西邊的緬甸在一八五二年二度與英國交戰，不幸戰敗而使南邊（下緬甸）淪為殖民地。

拉瑪四世眼見國際情勢劇變，深知英國若想要更自由的貿易，泰國只能選擇開啟國門。

一八五五年，英國政府派出香港總督寶寧（John Bowring）造訪泰國，交涉締結友好通商條約的事宜。早在寶寧到訪前，拉瑪四世就已和他通過書信，所以交涉過程相當順利。泰國又將這份與英國簽訂的友好通商條約稱為《寶寧條約》。

然而，這其實是份不平等條約，內容除了承認英國的治外法權，還要廢除船幅稅，同意導入百分之三的關稅。

所謂百分之三的關稅，是指從國外進口商品至泰國時，只要支付商品金額百分之三的稅金，就能自由地在泰國國內銷售。泰國與英國簽訂此一條約後，接著又陸續跟歐美各國簽訂相同內容的條約。

拉瑪四世之所以會接受這樣的不平等條約，是因為他充分理解到泰國當下所處的地位。原本以中國為首的亞洲國際秩序開始瓦解，今後與歐美各國的關係將變得非常重要。

對泰國而言，這些條約的內容完全沒有好處，但拉瑪四世認為，既然英國已經實現過去一直追求的自由貿易，應該就不會對泰國提出更過分的要求。拉瑪四世不希望泰國跟清朝、緬甸一樣，因為和英國對立而失去領土。

藉由出口稻米賺錢

儘管《寶寧條約》使泰國無法自由訂定關稅稅率，但對於「敞開國門」卻帶來了很大的幫助。

自阿瑜陀耶王朝開始，泰國的貿易就由王室獨攬大權，政府會集結來自各地的物產資源，再賣給外國商人，從中獲取利益。所以在這份條約執行之前，無論是英國人還是其他國家的商人，都無法在泰國自由採購商品，獲利當然就非常微薄。而《寶寧條約》等於是解除這些貿易上的限制，開啟泰國市場之門。於是，英國開始向泰國不斷銷售英製工業產品。

以棉製品為首的各類英製商品持續出口至泰國。這也達到英國原本預期的目標，讓泰國成為英製商品的重要市場。

為了因應此一趨勢，泰國只好強化徵稅承包制度，以彌補失去的收入。不過，這項制度中，理應上繳給政府的稅金卻都落入承包的中國人手裡。

後來，泰國決定出口農產品，尤其是大量出口稻米至國外。隨著海洋東南亞（今馬來西亞、印尼等地）受到殖民的範圍不斷擴大，稻米需求也跟著增加。於是，泰國開始增加稻米生產，並出口到這些地區以賺取收入。

為了提高稻米產量，政府及一些有力人士決定開墾過去一直被閒置的昭披耶河三角洲。三角洲變成水田後，成了生產出口用稻米的重要據點，這也使泰國躍升成世界數一數二的稻米出口國。

法國登場

拉瑪四世在位期間，對泰國而言有著強大威脅的可不只英國。法國其實也開始從泰國東部入侵，展開殖民勢力。

當時，法國為了保有進出中國的中繼點，於是將目標對準越南。阮福映是在法國傳教士的協助下才得以統一越南，所以法越初期關係非常良好。不過，到了十九世紀後半，阮氏王朝開始鎮壓天主教，使得法國與越南關係正式轉為對立。

一八六一年，法國占領了以西貢（今胡志明市）為中心的湄公河三角洲，隔年更拿下越南南邊（交趾支那）。這也成了法國在東南亞拓展殖民地政策的第一步。

法國的企圖心不止於此，湄公河也成為目標，打算以此作為進出中國的路徑。湄公河的河口位於交趾支那，只要沿河而上，就能抵達中國雲南省。

法國慫恿位於交趾支那上游的柬埔寨國王，讓柬埔寨成為法國的保護國。柬埔寨國王為了逃避泰國和越南的干涉，於是在一八六三年跟法國簽訂保護條約。

當時的柬埔寨仍為泰國屬國，因此泰國擁有對柬埔寨的宗主權（支配屬國內政與外交的權力）。拉瑪四世主張，柬埔寨國王不可擅自和法國締結條約，並要求暫緩簽訂。

對此，法國則是主張，越南也握有對柬埔寨的宗主權，那麼支配部分越南領地的法國當然也有支配柬埔

當時的日本

1862（文久2）年，神奈川生麥村發生薩摩藩的大名行列殺傷英國人的事件，成了隔年發生薩英戰爭，英籍艦隊攻擊鹿兒島的導火線。雙方雖然損失慘重，但在談和後，卻也讓英國和薩摩藩之間的關係更加緊密。

寨的權力，於是要求泰國承認柬埔寨是法國的保護國。最後，拉瑪四世不得不接受法國的要求，承認柬埔寨受法國保護。

法國將柬埔寨納為保護國後，希望繼續沿湄公河而上，於是自一八六六年開始調查作業。結果發現位於現今柬埔寨與寮國邊境附近有座孔恩瀑布，會使船隻航行受到阻礙。若繼續往上游前進，還有許多急流和岩石地形，並不適合作為駛船路線。最終法國只好放棄從湄公河進出中國的想法，改將目標瞄準越南北邊的路徑。

拉瑪五世的努力

拉瑪四世計算出一八六八年會發生日食，於是出發前往馬來半島觀測，要證明自己的計算正確，卻在那時染上瘧疾病逝。

拉瑪四世死後，其長子朱拉隆功（Chulalongkorn）十五歲便即位，稱拉瑪五世。

拉瑪五世曾跟著拉瑪四世聘請的英國女家教學習英文和國際情勢，因此深刻瞭解當時泰國所處的地位。然而，拉瑪五世即位時尚未成年，只能任命泰國極有威望的汶納家族成員索里亞翁（Suriyawong）攝政。索里亞翁則下達指示，任命於拉瑪四世在位期間擔任副王的賓告之子威猜參（Wichaichan）接任副王，而這位副王的年紀比拉瑪五世大上十五歲。

一八七一年，拉瑪五世第一次進行外地旅遊，訪問了新加坡和爪哇島，並順勢利用這個機會於年底造訪印度。拉瑪五世造訪之地皆是殖民地，親眼目睹周圍這些殖民地不斷朝近代化邁進後，他深刻體認到泰國也必須進行改革。

一八七三年，拉瑪五世終於成人，他再次舉辦即位儀式，宣示自己所擁有的權力，並投入改革。首先，他成立名為稅務廳的公家機關，徵收稅金。廢除徵稅承包制度，讓政府能收回徵稅承包人所累積的財富。接著，他又設置國務委員會和樞密院委員會，任務分別是對國王的政策給予建言及提供意見諮詢。

不過，這項改革卻讓有權勢的貴族和副王利益受損，對拉瑪五世的反彈聲浪也漸趨強烈。尤其是拉瑪五世和年紀相差很多的副王關係變差，一八七五年還曾發生副王逃進英國領事館尋求庇護的事件。

拉瑪五世本來打算自行說服副王，可惜成效不彰，最後是由新加坡總督居中協調、拉瑪五世承諾副王的地位不受影響後，事情才告一段落。

發生這次事件後，拉瑪五世決定放慢改革腳步，等待抵抗勢力的世代交替。

改革啟動

以阿瑜陀耶王朝流傳下來的泰國傳統政治體系而言，國王的權力受限，反而是其他皇室或強勢貴族的力量較強大。另外，阿瑜陀耶時代設置的國防大臣、內政大臣以及外交財務大臣的勢力驚人，多半是由強勢貴族繼承這些職位。

拉瑪五世的行政改革

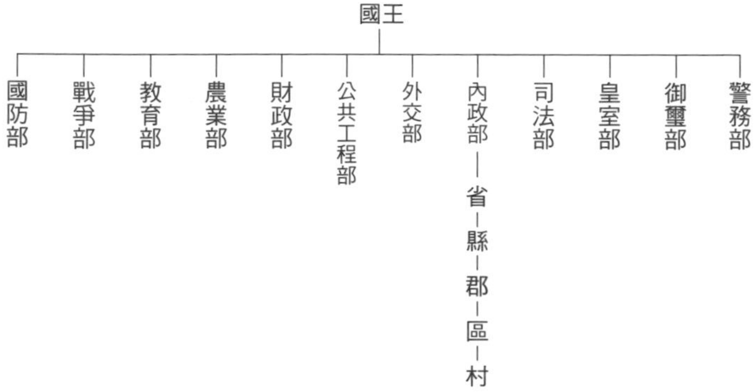

一八八五年，與拉瑪五世對立最嚴重的副王逝世，抵抗勢力的世代交替基本上也跟著劃上句點。拉瑪五世見狀，決定今後廢除副王一職，並進行改革，讓權力集中在國王手上。

除了接續國防大臣、內政大臣業務的國防部及內政部之外，政府還設置了財政、警務、皇室、農業四個部門。

拉瑪五世取消阿瑜陀耶王朝延續至今的做法，不再由多個部門分擔相同業務，而是按照業務類別，重新編制出十二個部門。

重組後，內政部負責所有地方行政事宜，而國防部只需負責軍事相關內容，每個部門的任務得以清楚劃分。這十二個新編制的部門都有拉瑪五世任命的部長，只要不順從國王的意思就會被撤除。其實，擔任這些部長的大多為拉瑪五世的弟弟，其中最知名的是內政部長丹龍親王（Damrong）和外交部長德瓦旺薩親王（Devawongse）。

國王實際上扮演著總理的角色，集結各部部長，定期召開內閣會議、推動國政。編制出十二個新部後，政府內的中央集權得以順利完成。

拉瑪五世推動中央集權化、近代化等一連串的改革，又稱朱拉隆功改革。

以湄公河為邊境

拉瑪五世雖然等到抵抗勢力消弭，才開始進行朱拉隆功改革，但世界情勢卻比國王的改革更早出現變化，泰國所處的環境氛圍變得愈來愈詭譎。

一心想要掌控進出中國路線的法國再次瞄準越南，攻擊湄公河流域的領土，希望將整個越南拿下。

一八八七年，清朝太平天國之亂（十九世紀中期發生於中國南方的抗清叛亂）的殘黨，也就是泰人口中的霍人襲擊了龍坡邦，於是泰軍和法軍一同出兵前往平定。

雙方在西雙楚泰（今越南北部）僵持不下，最後決定以此地作為邊界劃分。西雙楚泰也是繼檳榔嶼、柬埔寨後，泰國的第三塊「失土」。

後來，法國開始積極進出湄公河流域，甚至主張既然法國已占領越南，當然擁有湄公河左岸（東岸），也就是宗主權原屬於越南的區域。

然而，泰國也表示自己的宗主權範圍達湄公河左

當時的日本

1889（明治22）年，明治天皇頒布大日本帝國憲法，這是日本首部且由天皇欽定的憲法。憲法中規範由貴族院和眾議院組成的帝國議會相關事宜，隔年首次舉辦眾議院議員選舉，並由選出的議員召開第一次帝國會議。

岸，為了宣示泰國擁有的國土，更著手繪製現代地圖。

一八九三年四月，法國終於在泰柬邊境發動軍事行動。泰國為了制止，開始與法國對戰。同年七月，法國軍艦駛進昭披耶河，雙方在位於北欖的泰國要塞交戰。最後法軍駛至曼谷、封鎖港口，史稱北欖事件。

拉瑪五世原本期待英國能介入仲裁，英國卻沒有任何動作。不得已之下，泰國只好全盤接受法國的要求，割讓湄公河左岸，並支付三百萬法郎的賠償金。法國甚至占領暹羅灣岸的莊他武里，宣稱此舉是為了確保泰國遵守約定。

泰國就這樣失去湄公河左岸的廣大區域，成了截至目前為止的第四塊「失土」，而這個區域相當於現在的寮國。現今泰國與寮國很大範圍的邊界都是以湄公河來區分，而湄公河就是在這時首次成為泰寮國境。

然而，湄公河兩岸的居民擁有相同文化，根本不該以此作為國境區隔。不過，住在湄公河中游的寮族人卻因為中間夾了條河川，就必須被分成兩個國家。

夾在英法之間

當時英國認為，法國只要拿到湄公河左岸應該就心滿意足了，所以沒有介入北欖事件。但其實法國又轉而盯上湄公河右岸（西岸），打算更加擴大自己的殖民地。

自從簽訂《寶寧條約》後，泰國就成了英國製品很重要的市場，如果整個泰國都被法國奪走，就意味著重要市場也會被法國霸占，英國當然不可能坐視不管。

一八九六年，英法兩國簽訂條約，將泰國定義為「緩衝國」。泰國因此開始扮演起英國與法國之間的緩衝角色，避免兩國直接衝突。另外，英法也同意昭披耶河流域為泰國領土，尊重其自主性，宣示不會將泰國納為殖民地。

然而，這塊緩衝地帶不包含湄公河右岸及南部（馬來半島）。因為東北部算是法國勢力範圍，南部則被英國管控，這樣的安排讓泰國心有不甘，卻也無可奈何。

英法決定把泰國保留為緩衝國後，免去了泰國遭殖民的危機。不過，英法兩國規

由英法決定的緩衝國

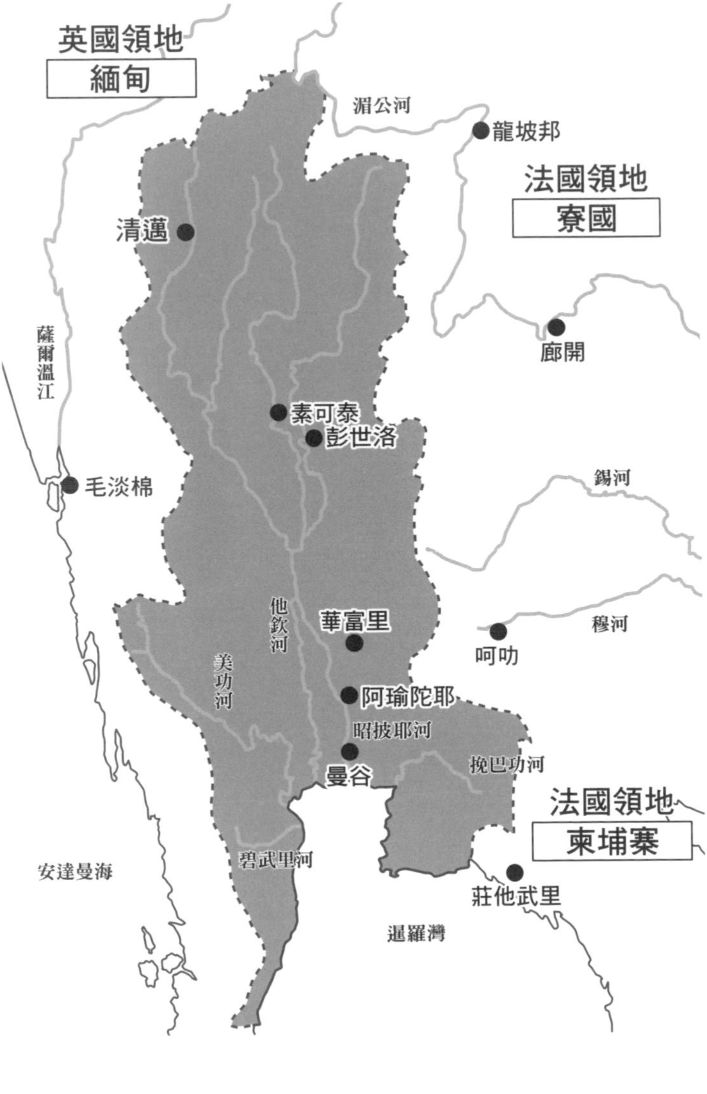
英國領地
緬甸
湄公河
龍坡邦
法國領地
寮國
清邁
廊開
薩爾溫江
素可泰
彭世洛
錫河
毛淡棉
華富里
穆河
他欽河
呵叻
美功河
阿瑜陀耶
昭披耶河
曼谷
挽巴功河
法國領地
柬埔寨
碧武里河
安達曼海
莊他武里
暹羅灣

劃的緩衝國範圍，卻僅有泰國當時領土的一半左右，形狀狹長，且東北部與南部面臨恐遭強占的窘境。

為了避免此一情況發生，泰國決定改變東北部與南部的統治型態，認為必須將這些區域定義成泰國領土的一部分，於是開始針對地方行政進行中央集權化。

泰國的「廢藩置縣」

所謂地方行政中央集權化，是指廢除既有勐首領的地方行政權，改由曼谷派遣官員，藉此改變地方行政模式。以一些位置偏遠或地位相當於屬國的勐來說，首領會將地位世襲給下一代，所以首領家族在各個勐其實握有龐大的勢力。

由曼谷派遣省長、縣長等級的官員管理地方行政，取代過去的首領制度，將更容易把國王的命令傳遞到各地方單位。而泰國將勐轉變成省、縣的改革，正好跟同時期日本實施的廢藩置縣非常相似。

早在一八八三年，拉瑪五世就開始派遣行政官員（Karuan）前往東北部的兩個勐，負責監控首領。其後更針對東北部幾個重要的勐陸續分派官員。接著，泰國將幾個勐整合成一個省（monthon），並從曼谷派任省長來治理，此制度又稱為省縣制（Thesaban）。每個時期的省數不太一樣，就以拉瑪五世時代結束的時間點來說，當時泰國總計有十六個省。

省長剛設立之際，勐首領的地位其實並無改變。但隨著政府廢除勐，並在省之下依序設置縣、郡、區、村，建構起地方行政制度後，首領開始面臨失業問題。

勐基本上都會被重新編制成縣或郡，再由政府派遣的省長，或是省長指名的郡長取代首領，負責地方行政。另一方面，行政機關體制中，位處最低階的村代表（村長）會由村民遴選出來，再由村長們選出區長。而這整套地方行政制度的最高掌權單位即位於曼谷的內政部，來自曼谷的命令會藉此布達至全國各地。

各種中央集權化

朱拉隆功改革讓行政機關得以中央集權化，政府也能更徹底地管理國民。在這之前，皇室、貴族及官員可以擅自要求平民或奴隸聽從自己，但拉瑪五世階段性廢除奴隸制，包含平民的所有人皆一視同仁，並以臣民（由國王支配之人）稱之。

另外，拉瑪五世還廢除了對平民施行的賦役（強制勞動），改課徵人頭稅（對每位臣民課徵的稅金）。接著公布徵兵法，要求十八歲以上的男性有義務服兩年兵役。透過上述政策，泰國逐漸走向中央集權，縮緊對人民的掌控。

中央集權化的浪潮也對佛教造成影響。拉瑪四世當年曾推行維護戒律運動，這也使得泰國國內各地的佛教出現在地化的現象，每個地區的經典都不盡相同。

一九〇二年，東北部出現一位自稱普米邦（有功德者）的人士，主張只要累積功德就能帶來奇蹟，藉此迷惑民眾，開始對抗政府、發動叛亂。

有鑑於此，拉瑪五世認為必須整合佛教組織，於是制定與僧伽（出家人團體）相關的法律，並建立以國王和大僧正為首的僧伽組織，管理寺廟和僧人。

此外，拉瑪五世還投注非常多心力在教育上，因為隨著中央集權化的發展，他必須擁有更多有能力的官員。於是，拉瑪五世成立專門培育官員的王立學校，這也是泰國首度引進西式教育的學校。學校最初只給皇室、官員子嗣就讀，但後來學習表現夠優秀的孩子也都能入學。另一方面，拉瑪五世也為平民設立學校，宣傳「即便是平民，只要通過學力測驗就能自由選擇職業」來招生。雖然各地皆完成學校建構，但實際上學的孩童仍為數稀少。

當時的日本

清朝在甲午戰爭戰敗後，出現一個名為義和團的地下組織，專門吸收窮困農民，主導排外運動，並在1900（明治33）年發起攻擊北京各國大使館和公使館的義和團事件。當時日本與他國列強紛紛出兵，鎮壓叛亂。

架設電信線和鐵路

若要讓曼谷與全國各地行政機關能順利運作，就必須思考怎麼傳遞資訊、輸送物資，才能將曼谷發出的命令布達各地，地方資訊或物品稅（以物品繳稅）也才能送抵曼谷。

在過去，曼谷與各地用書信往來時，都必須先將文件送抵某個劼後，再繼續傳送給隔壁的劼，就像是鐵道馬拉松接力賽。另外，運送稅物時，繳稅的劼必須雇人運送，相當耗費時間。

政府為了讓曼谷與各地的聯繫更快速，於是導入電報系統。只要架設電信線，就能用電傳送資訊。

一八七五年，泰國開通了首條介於曼谷和北欖之間的電信線。後來，連起曼谷與各地的電信線逐漸配置完善，於十九世紀完成了曼谷與北部、東北部、東部、南部的連接幹線。不僅如此，泰國還與緬甸、柬埔寨間架設國際電信線，讓國與國之間能更快速地交流資訊。對於當時被派遣至各地的省長而言，建構電信線網絡就是其中一項重要任務。

另外，拉瑪五世也積極推動能載貨載人的鐵路建設。首條路線跟電信線一樣，串連起曼谷和北欖兩地，在北欖事件發生時以私鐵名義開通啟用。不過，當時私鐵企業與許多外籍人士都有交流，泰國政府對此相當警戒，於是開始建設官營鐵路，成為連接起曼谷與各地的幹線。

第一條官營鐵路介於曼谷和東北部的呵叻之間，一八九七年先開通了曼谷與阿瑜陀耶區段。面對法國勢力不斷擴張的東北部，這條鐵路著實扮演著將東北部往曼谷拉攏的重要功用。

接著，泰國當局繼續建設通往北部清邁，以及往南延伸至馬來半島的鐵路。有了鐵路後，原本需要花至少一個月才能從曼谷到清邁的時間，即縮短成不用一天就能抵達了。

善用御雇外國人

想讓泰國走上近代化，就必須仰賴外籍專業人士。如同日本明治時期有許多非常活躍的「御雇外國人」，泰國其實也聘僱了很多外籍人士。且泰國早在阿瑜陀耶王朝就習慣雇用有能力的外國人，到了拉瑪五世，外籍人士的人數更是節節攀升。

其中，比利時出身、擔任拉瑪五世總顧問的法學家古斯塔夫・羅林・傑克敏斯（Gustave Rolin-Jaequemyns），便是泰國制定近代法典時非常重要的外籍顧問。

然而，雇用外籍顧問時，還必須注意一點：不能讓特定國家的顧問人數太多。當時泰國對於法國想擴大殖民地的政策深感頭疼，希望透過與其他大國建立關係的方式，牽制法國的行動。

不過，一旦強化與特定國家的關係，該國就可能會開始對泰國施壓，因此必須懂得如何取得平衡，讓這些國家相互抗衡。舉例來說，泰國在進行鐵路建設時，就刻意委託對泰國沒有殖民野心的德國，聘用大量德籍技師。

其實，在這群外籍顧問中，也有非常活躍的日本人。

一八九八年，日本和泰國締結了《日泰友好通商航海條約》。其後，對於日泰關係友好不遺餘力的稻垣滿次郎更是勸說泰國接受日籍顧問，促使泰國雇用了二十名日籍顧問。政尾藤吉就是以法律顧問的身分，負責參與制定泰國的近代法典。

泰國之所以會簽下《寶寧條約》等不平等內容、承認他國的治外法權，就是因為泰國並無近代法典，所以建構起完整的近代法典對於廢除治外法權可說極為重要。

完成「象臉」

對泰國來說，治外法權其實帶來非常棘手的問題。因為治外法權等於承認領事裁判權（領事有權司法審理自己的國民），不只該國國人，就連出身該國殖民地的人民也能被匡列為領事裁判權的對象。不僅如此，其他外

國移民只要在各國領事館登錄為受領事庇護的對象，就同樣享有領事裁判權。

這個問題不只出在泰國法律上，想要逃避徵稅、徵兵的人如果都取得庇護對象資格，政府將就此失去控制權。尤其是北欖事件之後，法國在呵叻設置的領事館為了讓泰國治安惡化，開始濫發庇護資格。

一九〇三年，美國人愛德華・亨利・斯特羅貝爾（Edward Henry Strobel）接任古斯塔夫總顧問職位，建議泰國政府用領土交換的方式，廢除部分領事裁判權。北欖事件後，法國與泰國討論了歸還原本作為擔保的莊他武里事宜，但並未針對庇護對象問題增列交換條件。直至一九〇四年，泰國才用湄公河右岸的龍坡邦對岸、占巴塞（今屬寮國）、美洛普瑞（今屬柬埔寨）、丹賽、達叻，換回莊他武里。

泰國在討論歸還丹賽、達叻事宜的時候，要求法方廢除庇護對象的領事裁判權，法國則反過來要求泰國割讓柬埔寨西北部的馬德望和暹粒。雙方同意此一交換條件後，便於一九〇七年廢除法國庇護對象的領事裁判權。

1909年泰國的疆域

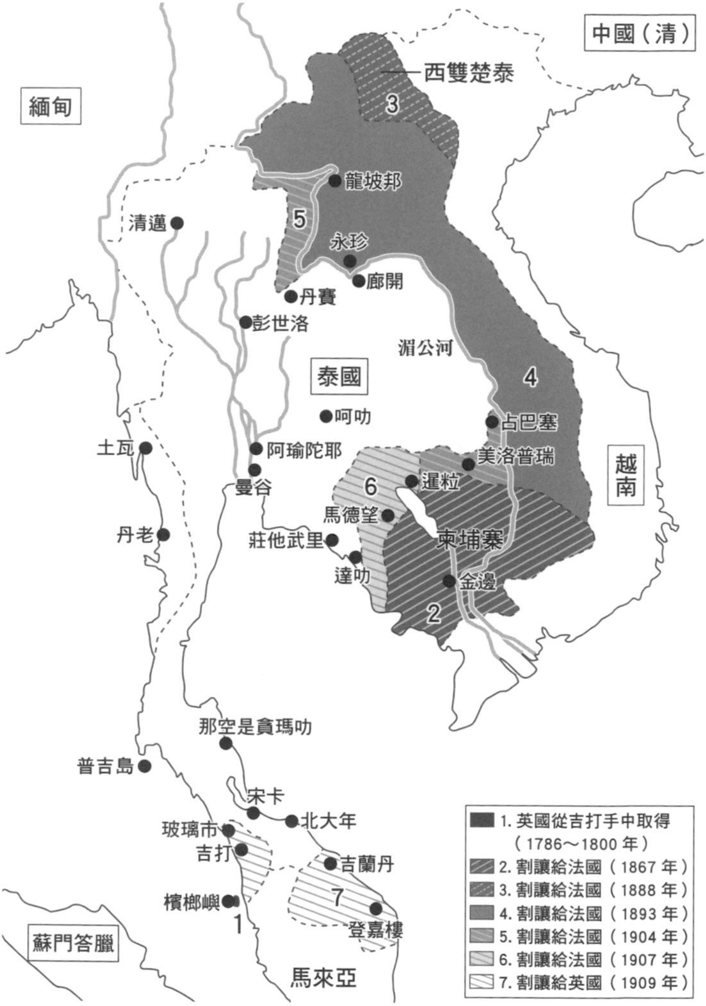
中國（清）
西雙楚泰
緬甸
3
龍坡邦
5
清邁
永珍
廊開
丹賽
彭世洛
湄公河
泰國
4
呵叻
占巴塞
土瓦
阿瑜陀耶
美洛普瑞
越南
曼谷
6
暹粒
馬德望
丹老
莊他武里
柬埔寨
達叻
金邊
2
那空是貪瑪叻
普吉島
宋卡
北大年
玻璃市
吉打
吉蘭丹
檳榔嶼
7
1
登嘉樓
蘇門答臘
馬來亞
1. 英國從吉打手中取得（1786～1800年）
2. 割讓給法國（1867年）
3. 割讓給法國（1888年）
4. 割讓給法國（1893年）
5. 割讓給法國（1904年）
6. 割讓給法國（1907年）
7. 割讓給英國（1909年）

泰國接著要求英國也必須廢除領事裁判權，並提議割讓馬來半島的四個屬國（吉打、玻璃市、吉蘭丹、登嘉樓），英國則在一九〇九年表示同意。在這樣的互換條件下，英國基本上算是承認廢除領事裁判權，也讓泰國相當頭疼的領事裁判權問題告一段落。

將馬來四州（屬國）割讓給英國後，泰國終於勾勒出現在象臉形狀的國土。

這一切都要歸功於朱拉隆功改革，讓原本不屬於緩衝國領土範圍的象耳（東北部）和象鼻（南部）得以保留下來。

耐人尋味的泰國偉人④

在北部擁有大量信眾的僧人

古巴洗威猜

Kruba Sriwichai (ครูบาศรีวิชัย)

(1878～1939)

修建寺廟、整備參道

古巴洗威猜是出身北部南奔府農村的僧人。他年僅18歲時出家，謹守戒律、嚴格修行，因此名聲極高，許多信眾都會向他布施（施予錢財或物品）。古巴洗威猜用這些布施品修建北部各地的寺廟，使他的聲望更加崇高。

後來，有人謠傳古巴洗威猜是普米邦（有功德者），使曼谷的僧伽組織對他起了疑心，於是把古巴洗威猜叫來調查。

不過，他還是一如既往地持續修行，並在信眾的協助下，以短短5個月的時間，完成前往素帖山上知名寺廟素帖寺長達12公里的參道修建。

古巴洗威猜過世後，骨灰被分別供奉在北部7間寺廟，至今仍吸引非常多人前往參拜。

chapter 5

從暹羅邁向泰國

自由奔放的國王

拉瑪五世率領泰國長達四十二年之久，於一九一〇年過世，接著由皇太子瓦棲拉兀（Vajiravudh）繼位，稱拉瑪六世。拉瑪五世共有七十六名子嗣，他不希望孩子為了王位繼承反目，於是直接指名皇太子就是下一任國王。

拉瑪六世曾留學英國，在陸軍官校和牛津大學學習軍事學和歷史學。留學期間對於文學和戲劇非常有興趣，即位後仍熱衷創作，甚至會自己撰寫腳本、享受戲劇。

在他即位隔年，想推翻君主制的人們發動政變，史稱一九一二年宮廷叛亂。

當時，拉瑪六世新成立一支國土防衛義勇隊（Suea Pa），而且非常禮遇這支隊伍，引來許多正規軍人的不滿。大部分的軍人並不要求廢除王政，而是希望改走君主立憲，讓國王在憲政體系下治理國家。人們開始反彈拉瑪五世建立起的集權王政，拉瑪六世見狀以議論廢除王政之罪，逮捕了一百〇六名軍人。

面對反彈聲浪，拉瑪六世選擇用自己擅長的文字出手反擊，以筆名「Asavabahu」在報紙上刊登意見、發表支持王政的論述。

此外，拉瑪六世還在王宮內建造一座迷你「城鎮」——都喜宮，裡頭不只有以王宮為首的政府機關，還設置了寺廟、學校等二百多棟建築。拉瑪六世就在其中進行了一場地方自治實驗，他負責扮演政黨黨魁，反駁在野黨黨魁的論述，主張泰國並不適合民主主義的議會制度。發起叛變的團體批評拉瑪六世的這場實驗根本就是浪費國庫，但他還是一意孤行，導致泰國財政陷入嚴重危機。

民族主義奠基者

拉瑪六世不只追求自由奔放的政治型態，也是泰國第一位高聲提倡民族主義（國家主義）的人物。

孫文曾在拉瑪六世即位前不久造訪泰國，他所提倡的三民主義（以民族獨立、民權發展、民生穩定為主軸的中國革命理念）開始在泰國當地的中國人圈子醞釀開來，使這些人的民族主義情緒逐漸高漲。

三民主義包含了「打倒清朝，建立共和體制」的思想。拉瑪六世擔心，如果這個想法在泰人間傳開，追求共和體制的國人將隨之增加，危及自己的地位。

為了激發泰人的民族主義，拉瑪六世在一九一一年對國土防衛隊的一場演講中，要求人民必須對民族、佛教、國王忠誠。而這三個核心即是所謂的泰國立國三原則（Lak Thai）。

不僅如此，他自一九一四年到隔年期間，還陸續發表了《東方的猶太人》、《泰國，覺醒吧！》等論述，批判泰國國內的中國人。拉瑪六世在文中提到：「這些中國人把泰國的經濟發展握在手中，卻將賺取的利益全帶回中國，沒有留下任何東西。」希望藉此喚醒泰人，意識到自己才是這國家的主人。

世界上許多國家的民族主義，都是民眾為了推翻絕對王政所衍生的思想，像泰國這樣採行王政卻普及開來的例子實屬罕見。

心向戰勝國

接著把目光移到歐洲，一九一四年六月，波士尼亞（今波士尼亞與赫塞哥維納）塞拉耶佛發生了奧匈帝國王儲斐迪南大公（Franz Ferdinand）遭塞爾維亞青年暗殺的事件。奧匈帝國以此為由出兵攻擊塞爾維亞，最後演變成一次世界大戰，這是一場由德國、奧國、義大利組成的同盟國與英國、法國、俄國、日本組成的協約國之間的戰爭。

剛開戰時，泰國發表中立宣言。後來，拉瑪六世心想，如果選擇站在戰況有利的一方，成為戰勝國的話，將有助於廢除不平等條約。

一九一七年四月，美國向德國宣戰後，拉瑪六世便認為協約國較有勝算，於是決定對外宣布泰國放棄中立，加入協約國。這時，該如何處理國內德籍顧問的去向就成了棘手問題。尤其是泰國在鐵路事業上聘僱了大量德籍技師，也會擔心對建設帶來影響，最後選擇改由協約國和泰國本國籍的技師來替代。

一九一七年七月，泰國對德國、奧國宣戰，派出汽車和航空部隊前往歐洲。因為當時需要美觀的國旗，於是另外新設計了三色旗。泰國在戰爭即將收尾前投入，結果也如拉瑪六世所料，順利列入戰勝國名單。

一次世界大戰後，泰國開始向美國和歐洲各國提出廢除不平等條約的請求。不

一次世界大戰戰況

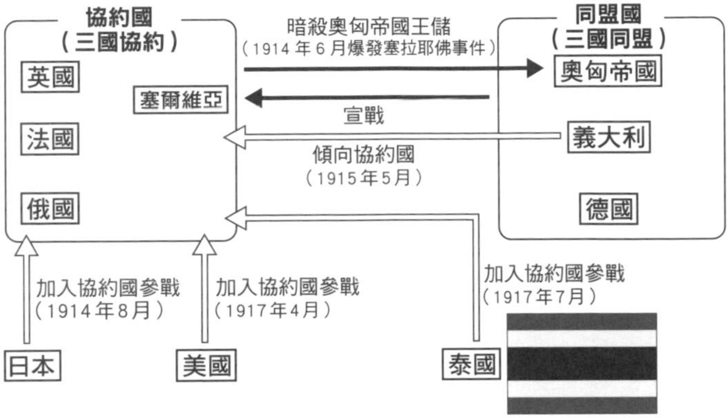

過，只有美國即刻給予回應。而且，美國雖然允許泰國拿回關稅自主權，但針對治外法權的部分，卻要求保留部分領事裁判權，直到泰國制定出近代法典。

後來，泰國派出使節團，與歐洲諸國進行各自交涉，法國這才允諾比照美方的條件，廢除相關條約。然而，英國很擔心失去在泰國的市場，於是對於交回關稅自主權表現得相當消極，僅答應將部分關稅設定在百分之五以內。

因此，泰國雖然在一九二〇年代成功拿回關稅自主權，但部分治外法權仍持續保留到近代法典問世。

預期外的王位

一九二五年拉瑪六世過世，由弟弟巴差提朴（Prajadhipok）繼位，稱拉瑪七世。拉瑪七世即位前跟拉瑪六世一樣，都曾留學英國，鑽研軍事學，回國後任職於陸軍單位。他是拉瑪五世最小的兒子，原本並不預期自己會繼承王位，但因為拉瑪六世後繼無人，再加上大多數的兄長都已過世，於是由巴差提朴替補上位。

當時，泰國政府因拉瑪六世的揮霍陷入財政危機，各界對於王室批判聲浪不斷。對此，拉瑪七世找來拉瑪五世的胞弟，也就是丹龍親王等有權勢的皇室成員，成立國家最高議會，希望憑藉這群人豐富的經驗與意見，度過此次難關。

拉瑪七世面對嚴重的財政赤字，選擇大幅刪減王室預算、整合部會行政單位、裁撤公務員減少支出，總算脫離危機。

國民雖然對於王政集權依舊抱持批判，但拉瑪七世主張「要立刻導入民主主義議會制度有其難度，應先推行地方自治」。不過，他卻只規劃設置市議會，而且最終並無付諸實行。雖然在拉達那哥辛王朝即將迎來一百五十週年之際，拉瑪七世也表示打算頒布憲法，但內容依舊維持現狀，主權仍握在國王手中。再加上國家最高議會成員多半持反對意見，這件事也就不了了之。

與此同時，一九二〇年代末期又發生經濟大蕭條，導致稻米出口量大減，泰國再次陷入財政危機。政府為了減少支出，只好刪減公務員人數及薪水，使得基層公務員的生活大受打擊，引起這群人嚴重不滿。

爆發立憲革命

隨著各界對集權王政的批判不斷，一九二七年，一群歐洲留學生組織名為人民黨的地下組織。這個組織以軍人鑾披汶・頌堪（Plaek Phibunsongkhram）和學法律的普里迪・帕儂榮（Pridi Phanomyong）為首，他們認為必須發起從集權王政變成君主立憲的革命，也就是透過立憲革命來改變泰國政治體系。

這群人回國後開始尋找志同道合的夥伴，與不斷摸索該如何執行立憲革命的軍人帕洪（Phraya Phahon）和頌蘇拉德（Phraya Songsuradet）有了接觸。

一九三二年六月二十四日，人民黨就在這兩人的協助下，發起推翻集權王政的軍事政變。人民黨以國家最高議會的重要成員為人質，要求正在中部海邊華欣行宮靜養的拉瑪七世成為立憲君主。

拉瑪七世雖然想過要動員地方軍隊抵抗，卻又擔心人質安危，也不希望泰國人民彼此出現紛爭。於是他

當時的日本

1932（昭和7）年5月15日，以日本激進少壯派海軍為首的團體發起軍事政變，史稱五一五事件。這群人襲擊首相官邸，射殺了當時的首相犬養毅。日本也因為這起事件結束了戰前的政黨政治，朝向軍國主義發展。

回到曼谷後，就在普里迪起草的臨時憲法上署名，這場軍事政變才以和平落幕。拉瑪五世建構的集權王政瓦解，拉瑪七世成為憲法體制下的立憲君主。

臨時憲法通過之後，人民黨便建立起新的政權。他們立刻召開人民代表會議（國會），並選出法律人士瑪奴巴功（Phraya Manopakorn）為第一任總理。不過，這時參與人民代表會議的議員全由人民黨推派赴任。

臨時憲法規定，泰國要等到十年後才能透過選舉選出國會議員。所以在這之前，人民黨還是有可能執行獨裁政治。

人民黨內部對立

在君主立憲制度下新成立的人民黨政權，內部卻立刻出現分歧。

普里迪深受在法國所學的社會主義影響，提出「經濟計劃綱要」作為新經濟政策，並在一九三三年三月送交國會審議。內容提到要將所有經濟活動收歸國營，改由政府支付人民薪水，藉此讓泰國走上社會主義國家之路。

此舉引來對人民黨不滿的拉瑪七世和支持國王的保皇派強烈反對，就連總理瑪奴巴功和整合陸軍勢力的頌蘇拉德也都持反對意見。

瑪奴巴功關閉國會、停止審議，並制定了與共產主義站在對立方的法律。後來，提出此一政策的普里迪也遭到流放。

接著，軍人出身的頌蘇拉德和帕洪也開始出現嫌隙。兩人在一九三三年六月同時辭去軍中要職，軍方內部開始擔心保皇派是否會趁機恢復勢力。

於是，時任閣員的鑾披汶說服帕洪發動政變，推翻瑪奴巴功內閣。立憲革命後，人民黨政權在軍事政變下結束短短一年的執政。

後來由帕洪擔任第二任總理。他為了解決人民黨內的對立問題，從法國找回了普里迪，並任命其為閣員，允諾會採行認可自由經濟活動的政策。但拉瑪七世卻持批判態度，使保皇派再次得勢。

保皇派退敗

就在普里迪回任閣員沒多久，鮑瓦拉德親王（Boworadet）在一九三三年十月率領陸軍從東北部的呵叻出發，朝曼谷前進。鮑瓦拉德跟拉瑪七世同為拉瑪四世之孫，爆發立憲革命前擔任國防部長。

鮑瓦拉德對人民黨政權相當不滿，認為他們輕蔑國王和皇室，於是強占曼谷的廊曼機場，要求恢復國王權限。對此，鑾披汶率領曼谷的軍隊反擊，反叛軍被擊退回呵叻，鮑瓦拉德只好逃亡法屬印度支那。最終，保皇派的叛亂以失敗收場。

叛亂期間，拉瑪七世雖然人在華欣行宮，暗地裡卻很期待反叛軍的表現。可惜反叛軍位處劣勢，最後只能逃到更南邊的宋卡。

叛亂宣告失敗後，拉瑪七世變得更沒有地位，到了一九三四年只好以治病為由前往英國。拉瑪七世剛到英國時還經常批評人民黨，要求恢復部分國王權限。

人民黨當然不認同拉瑪七世的要求，並多次呼籲國王回國。最後，拉瑪七世不敵人民黨的抗爭，於一九三五年宣布退位。

由於拉瑪七世沒有子嗣，只能由拉瑪五世第六十九位兒子，也就是宋卡親王（Prince of Songkla Mahidol Adulyadej）的長子阿南達（Ananda Mahidol）繼任，稱拉瑪八世。這時拉瑪八世年僅十歲，人還在瑞士留學，於是改由攝政王接手，讓拉瑪八世即位後仍可繼續瑞士的生活。

泰國經過立憲革命、結束集權王政，再加上國王交替，使國王和皇室的存在感一步步地降低。

泰人意識崛起

帕洪執政持續到一九三八年，這段期間鑾披汶擔任國防部長，並將權力掌握在自己手中。同年十二月，鑾披汶就任總理，他為了對國民展示立憲革命的成果，大力鼓吹國家主義，希望藉此建構出由泰國人打造的新泰國形象。

鑾披汶頒布文化命令（Ratthaniyom），列舉出泰國人應有的姿態。

首先，他在一九三九年六月頒布第一號條文，將國名從「暹羅（Siam）」改為「泰國（Thai）」，不僅用於自稱自己的民族，這個字還有「自由」之意。後來將泰國的英文取名為「Thailand」，則是特別強調「泰人的土地」之意。

在這股國家主義浪潮中，泰國的華人成了眾矢之的。鑾披汶跟拉瑪六世一樣，試圖透過批判華人的方式激勵泰人。即便面對這樣的情勢，華人還是繼續掌控著泰國經濟。

帕洪成立許多國營企業，希望取代過去由華人主導的經濟活動。這些企業名稱往往都會放入「Thai」字，原本名稱裡有「Siam」的民間企業也更改為「Thai」。

泰國國內不只有華人，還存在許多民族，所以必須透過同化政策將這群人整合成「泰人」。舉例來說，泰國政府就曾要求廢除華人學校、停刊中文報紙。為了降低中國的影響力，甚至推出「泰式炒河粉（Pad Thai）」來宣揚新泰國文化。另外，泰國也是在這時開始每天早晚播放國歌、升降國旗，人們還養成起立敬禮的習慣。

然而，這項同化政策主要還是著重在讓華人產生泰人意識，並不是要排擠華人。所以即便是中國人，只要取得國籍一樣能成為泰人，這也使得泰國開始出現許多中泰混血的下一代。

取回「失土」

在帕洪推行國家主義的影響下，泰人也萌生出打造「大泰國」的念頭。泰國英文為「Thailand」，意指泰人的土地，當中更孕育著建立大泰國的夢想，甚至包含了泰人旅居國外的區域。

為了實現這個目標，泰國向法國提出要求，想拿回之前割讓的「失土」。

一九三九年九月，德國進攻波蘭，英法向德國宣戰，揭開二次世界大戰序幕。

這場戰爭裡，德國與日本、義大利聯手組成軸心國，對抗由美國、英國為主的同盟國。

二次世界大戰初期戰況圖

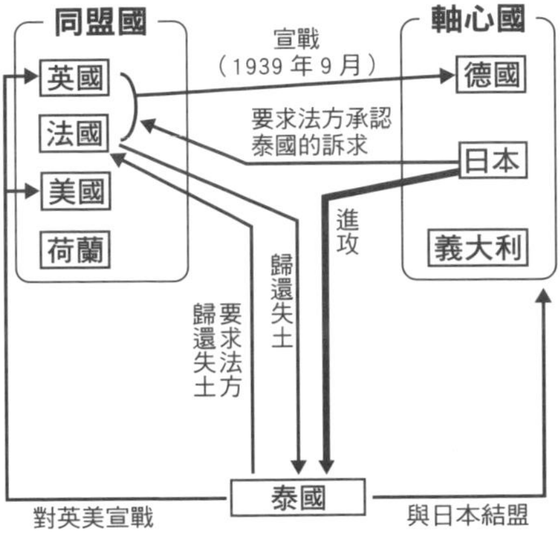

一九四〇年，法國敗給納粹率領的德國，建立起傀儡政權「維希法國」。另一方面，日本早在一九三七年便投入中日戰爭。當時英美將物資經法屬印度支那北部（今越南）送往落腳中國重慶的蔣介石政權，日方企圖截斷這條運輸路線，於是要求維希法國讓軍隊進駐法屬印度支那北部，並於一九四〇年九月開始派兵駐屯。

鑾披汶得知此事後，便對立場不再強勢的法國提出以湄公河為法屬印度支那邊界的要求，等於是要回一九〇四年與一九〇七年割讓給法國的失土。其實這塊鑾披汶口中的失土，還包含了柬埔寨西北部等根本沒什麼泰人居住的地區，但鑾披汶主張，只要過去曾住在泰國統治之地的人們都算是泰人。

十一月，法國出兵攻擊泰國，雙方戰事正式開打。一九四一年，泰國海軍在暹羅灣的海戰中大敗，自此開始走向劣勢。然而，日本出面調停，讓法國幾乎承認泰方的所有要求。同年五月，雙方在東京簽訂和平條約，泰國成功收復要求法國歸還的大部分失土。這也讓泰國象臉領土的頭部和耳朵下方面積稍微變大一些。

這時，日本發現在東南亞免不了跟英美開戰，於是打起拉攏泰國的主意。但行事謹慎的鑾披汶收復失土後，就不曾公開表示要與日本結盟，維持一貫的中立立場。

泰國收復的「失土」

加入軸心國

隨著戰火往東南亞延燒，日本開始策劃經泰國攻占英屬馬來亞（今馬來西亞）和緬甸兩處的打算。想要執行這個策略，就必須有泰國的協助。但日方並不知道鑾披汶會有什麼反應，於是在開戰前一晚，也就是一九四一年十二月七日才知會鑾披汶。

然而，鑾披汶似乎察覺到什麼動靜，於是神隱。日本軍方雖然提出行經泰國的請求，但泰方告知鑾披汶不在，無法下決定。

泰方沒有具體回應，但日軍仍維持原計畫，自十二月八日清晨起陸續從南部海岸及法屬印度支那的邊境進入泰國，泰方為制止日軍進入，雙方爆發衝突。眼看日軍開始入侵，鑾披汶終於現身，

表現出自己是萬不得已，被迫允許日軍通過泰國。

泰國就在這樣的情況下被捲入戰爭。鑾披汶考量到以日本為首的軸心國位處優勢，於是最初決定協助日本。開戰後不久，泰國便與日方簽訂同盟條約，正式表態將與軸心國站在同一陣線應戰。

一九四二年一月，泰國譴責英美空襲曼谷，於是向這兩國宣戰。接著，鑾披汶對日方提出想要加入德義日三國同盟，成為四國軍事同盟的請求，但日方並不希望與泰德的關係太過緊密，於是拒絕泰方。

其實，鑾披汶是希望利用軸心國的致勝機會，繼續擴展大泰國之夢。當時日軍經泰國進入緬甸、驅逐英軍，勢力也隨之擴大。泰國在得到日本的同意下，從泰北進軍緬甸撣邦，企圖驅趕從北邊潛入撣邦的中國國軍。

接著到了一九四二年五月，泰國開始進軍撣邦，占領東邊部分區域。撣邦主要民族為撣族，屬壯侗語系，因此也被泰方視為泰人。

鑾披汶變心

泰國雖然與日本立約同盟，但隨著日軍態度愈趨狂妄，泰人開始發現彼此不再是對等關係，於是對日方的不滿聲浪逐漸增加。

日軍自一九四二年起，開始建設相接泰國與緬甸的泰緬鐵路。因工程所需，從新加坡引進了大量的同盟軍俘虜。

有位泰國僧人因為給了俘虜香菸，遭到日本兵掌摑。目睹這一幕的泰籍勞工相當憤怒，與日本兵起了爭執，甚至演變成槍戰，造成七名日本兵死亡。在泰國，毆打僧人是非常要不得的行為，這也使泰人對日軍愈來愈不信任。

一九四三年開始，軸心國的勢力漸趨式微，這也讓鑾披汶下定決心拉開與日方的距離。

日本發現泰方的意圖，於是趁同年七月東條英機首相訪泰之際，表明要將泰軍占領的撣邦東部和過去泰國割讓給英國的「失土」馬來四州直接交由泰方統治。

然而，鑾披汶明白當時同盟國已處於優勢，深知自己的大泰國之夢難以實現。因此當日本多次要求鑾披汶出席同年十一月將於東京召開的大東亞會議時，鑾披汶以健康為由缺席，此舉使得日方對鑾披汶愈來愈不信任。

另一方面，鑾披汶希望能私下與中方牽上線，於是透過位處撣邦的泰軍，將使者送往中國國軍所在地。

不僅如此，考量到曼谷空襲情況加劇，鑾披汶開始計劃將首都遷往位處中部和東北部交界處的碧差汶，並開始建設新首都。鑾披汶向中國國軍表示，這項遷都計畫是為了與國軍一起對抗日本所做的準備。

但是，這項遷都計畫法案於一九四四年七月遭到國會否決，鑾披汶也被迫辭去總理職務。

扮演日方夥伴的同時

泰國向英美宣戰時，英美國內其實都還居住著包含留學生在內的泰國人。部分人士選擇留下，接受當地軍方的援助，成立名為「自由泰運動」的抗日組織。另一方面，泰國國內也在拉瑪八世攝政王普里迪等人的帶領下成立抗日組織，並派遣密使前往中國，與海外的抗日團體取得聯繫。

該名密使成功在中國與美國的自由泰運動成員碰面，英國與美國的自由泰運動成員也在同盟軍的協助下開始潛入泰國。

鑾披汶退位後，一九四四年八月庫恩・阿派旺（Khuang Aphaiwong）就任總理。其實普里迪暗地裡支持著庫恩，因此等於是自由泰運動主導著新政權。

然而，泰國與日本仍持續維持同盟關係，這意味著泰國扮演日方夥伴的同時，私下也和同盟國互有聯繫。庫恩總理應付日軍之餘，還需按照普里迪的指示，和同盟國持續進行交涉。

隨著戰況惡化，從緬甸動員至泰國的日本兵增加，日軍開始駐屯在泰國各地。同一期間，自由泰運動則是在日軍視線範圍外建造祕密機場。這座機場不僅能讓同盟國軍隊運送武器和物資，盟軍士兵也能滯留當地，訓練自由泰運動的成員。

隨著自由泰運動的行動趨向熱絡，日軍開始起疑。當時日軍並不希望與泰國發生衝突，雖然泰國表示已經做好反擊日軍的準備，但在同盟國軍隊的勸說下，才將計畫暫時擱置。

宣戰無效!?

這時，泰日雙方已邁入衝突可能一觸即發的狀態。但就在一九四五年八月十四日，日方火速接受波茨坦宣言後，順利避免了爆發衝突的局面。

戰後泰國與美、英、法的關係

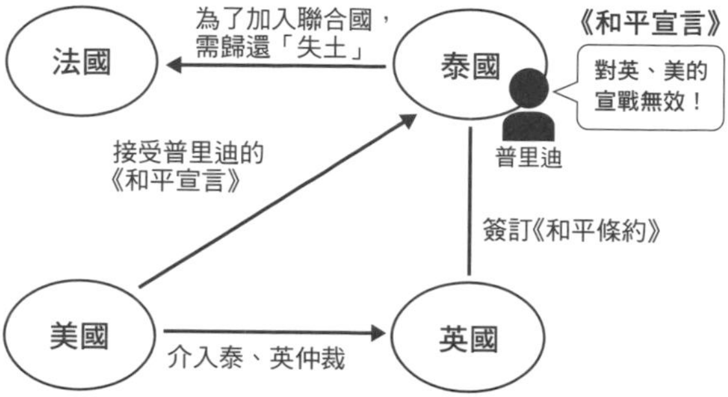
法國
為了加入聯合國，
需歸還「失土」
泰國
《和平宣言》
對英、美的
宣戰無效！
普里迪
接受普里迪的
《和平宣言》
簽訂《和平條約》
美國
介入泰、英仲裁
英國

同年八月十六日，普里迪發表《和平宣言》，主張對英美的宣戰無效。當初宣戰時，普里迪擔任攝政王，且刻意不在宣戰文件上簽名，因此事後便以此為依據，主張宣戰無效。

不僅如此，普里迪還表態要將日本奉上的撣邦東部和馬來四州歸還英國，希望藉此平復英方的反彈情緒。

美國相當同情泰國，於是接受普里迪的《和平宣言》，但損失慘重的英國可不打算就此作罷。

同年九月，泰國國內的日軍解除武裝，英國的占領軍也從印度抵泰。

就在同個時期，泰軍代表團造訪英軍位於錫蘭島（今斯里蘭卡）的東南亞司令部，承諾會接受英方對泰國聯軍的管理，以及無償提供稻米等條件。

對泰國而言，這樣的條件內容雖然相當吃虧，但泰國還是委託美國轉達，希望藉此說服英方。隔年，泰國終於順利和英國簽訂和平條約。條約中提到必須無償供應一百五十萬噸稻米，不過後來又改成可用金錢償還。

另外，準備回歸國際社會的泰國也無法忽視法國的態度。法國要求泰方歸還得手的失土，並威脅泰國，如果辦不到的話，就拒絕讓泰國加入聯合國。對此，泰國認為這些失土是在戰爭前就已取得，表示無法歸還。

但法國態度十分強硬，泰國為了儘早回歸國際社會，只好同意歸還失土。

同年十二月，泰國成了第一個加入聯合國的舊軸心國成員。泰國國土雖然因此變回一九〇九年的形狀，但至少避免了淪為戰敗國。

祕密專欄

泰國的國旗、國徽、國歌

以生物為元素的國旗和國徽

一九一七年以前的泰國國旗是從拉瑪三世時期傳承下來的，以紅底白象為設計。泰人認為白象是釋迦摩尼誕生前的化身，從以前開始，只要發現白象就會獻給國王。

現在的泰國國旗是一九一七年開始使用的紅、白、藍三色旗。設計理念起源於泰國民族主義之父——拉瑪六世提出的以民族、宗教、國王為三核心的立國三原則思想。

紅色代表民族、白色代表宗教（佛教）、藍色則象徵國王。

一次世界大戰時，泰國也出兵前往歐洲參戰。據說拉瑪六世為了讓國旗看起來更美觀吸睛，才會換成現在的三色旗。

〈國徽〉

●1873～1910年

●1910年～至今

〈國旗〉

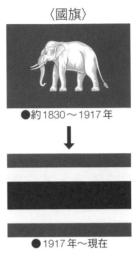

●約1830～1917年

●1917年～現在

此外，泰國國徽以迦樓羅為圖騰。迦樓羅是印度教之神毘濕奴的坐騎，更是印度神話中擊退蛇和龍的神鳥。

泰國自阿瑜陀耶時代就開始有國徽，但拉瑪五世在十九世紀末曾短暫將國徽改成西式風格，後來才又換回原本的迦樓羅。

至於泰國國歌則是於一九三六年完成。在這之前，都是以拉瑪五世期間創作的國王頌歌作為國歌，直到一九三二年立憲革命後，才為國民創作國歌。

全泰國每天上午八點及晚上六點都會在電視、廣播播放國歌，市政府等機關還會配合這兩個時間段升降國旗。

耐人尋味的泰國偉人❺

撰寫戰時日人與泰人關係的作家

彤瑪揚蒂

Thommayanti (ทมยันตี)

（1937～2021）

執筆寫下以二次大戰為舞台的羅曼史

彤瑪揚蒂（本名：Wimon Chiamcharoen）是位生於曼谷的作家。

從曼谷知名的法政大學中輟後，彤瑪揚蒂當上了老師，卻為了專心投入寫作，毅然決然地辭去教師一職，開始走上作家之路，創作類型多半為長篇戀愛小說。

身為一名作家，外界對彤瑪揚蒂的評價並沒有那麼高，但她曾以二次大戰期間的曼谷為舞台，推出一部知名的戀愛杜撰小說——《日落湄南河》（Khu Kam）。故事講述日籍軍官和泰籍女大生之間的愛情故事，內容不僅夾雜著史實，也描寫出日本兵和泰籍女性間的微妙關係。

這部小說更多次翻拍成電影和電視劇，所以對泰國人來說，作為男主角的小崛可以說是最有名的日本人呢。

chapter 6

不穩的政局與王權強化

拉瑪九世即位

二次世界大戰結束，泰國政治一直處於不穩定的狀態。普里迪發表《和平宣言》後，庫恩政權式微，幾位自由泰運動的成員陸續接任總理職務。拉瑪八世成年後從瑞士返國，普里迪順勢請辭攝政王，並於一九四六年三月自行宣布就任總理。

同年五月，普里迪頒布以民主為出發點的新憲法。憲法中提到允許多政黨制，並以民主議會制度之民主主義為理想。

然而，就在普里迪掌權不久的六月，拉瑪八世被人發現於寢宮中彈身亡。國會同意由拉瑪八世的弟弟蒲美蓬（Bhumibol Adulyadej）繼承王位，稱拉瑪九世。換言之，泰國再次推出未成年的國王。

當時拉瑪九世還是個學生，所以即位後便立刻返回瑞士。

拉瑪八世離奇死亡後，與普里迪對立的民主黨黨魁庫恩便開始散布傳言，指此事與普里迪脫不了關係。普里迪不堪傳言所擾，於八月辭去總理職務，由鑾探隆・那瓦沙瓦（Thawan Thamrongnawasawat）接任總理。

後來，泰國舉行了國會議員補選，在野黨的民主黨議員人數增加，使泰國政情開始動盪。普里迪以友好使節的身分訪遍歐美，回國後甚至開始加強對周邊國家，像是越南等反法組織的支援。

接二連三的軍事政變

普里迪開始支持反法組織後，期間稍微遠離執政核心的陸軍勢力懷疑他要建立共產主義國家。於是在一九四七年十一月，陸軍勢力發動軍事政變，推翻鑾探隆・那瓦沙瓦政權。

其後，陸軍邀請庫恩再次擔任總理，並釋放以戰犯罪遭到逮捕的鑾披汶，讓其擔任陸軍總司令。

由於庫恩內閣順利完成多項任務，因此獲得各方支持。一九四八年一月舉行的大選中，庫恩率領的民主黨得以登上第一大黨。

然而，陸軍勢力不斷擴張，於四月拉下庫恩，逼其辭去總理一職，改推鑾披汶就任總理。於是，在戰爭期間下台、遠離政治圈的鑾披汶，又再次以總理之姿回歸。即便鑾披汶再次上台，泰國國內的權力之爭仍未就此結束。

普里迪短暫流亡海外後，返國便與前自由泰運動成員碰面，並和海軍接觸，於一九四九年二月發動軍事政變，史稱大皇宮叛亂（Palace Rebellion）。位於曼谷市中心的法政大學和王宮遭占據，但政府立刻採取鎮壓行動，政變最終以失敗收場。

普里迪只好流亡中國，輾轉前往法國，死前都不再踏上泰國國土。

海軍因為參與了這場政變而受罰，部分海軍人士對此感到相當不滿，於是一九五一年六月又發起政變。

當時美國準備將一艘名為曼哈頓號的船隻移交泰國，總理鑾披汶出席贈船典禮時遭海軍挾持拘留，史稱曼哈頓叛亂（Manhattan Rebellion）。

然而，這場政變最後也是以失敗收場。後來，陸軍開始削弱海軍勢力，導致海軍逐漸失去掌控權。

然而同年十一月，陸軍又發動政變，推翻自己建立的政權，目的是為了廢除憲法、解散國會與政黨。政變後鑾披汶再次上台，就任總理。泰國在往後的幾年也是不斷上演這類自導自演的軍事政變戲碼。

獲得美國青睞

二次世界大戰後，世界分成以美國為中心、提倡資本主義和自由主義的西方陣營，還有以蘇聯為中心、主張社會主義和共產主義的東方陣營。雙方不斷積極擴大勢力，東西開始進入冷戰時期。

對於鑾披汶再次投入泰國政壇，以美國為首的西方諸國都抱持警戒態度，因為他就是過去促成泰日結盟的罪魁禍首。然而，鑾披汶維持一貫態度，對共產主義採取零容忍政策，終於讓美國卸下心防。

當時中華人民共和國成立，中國走上共產政權，越南胡志明所率領的共產勢力也正與法國對戰，位處東南亞的泰國因而成為非常關鍵的存在。

鑾披汶藉由獲得西方諸國的信任，鞏固自身地位。不僅於一九五〇年的韓戰（朝鮮民主主義人民共和國和大韓民國為統一朝鮮半島所引發的戰爭）派遣援軍，一九五四年時還邀請西方軍事同盟的東南亞公約組織（SEATO）於曼谷設立總部。由於泰國明顯表態，西方各國開始給予援助。泰國便利用美國的軍事、經濟援助，加強軍備、整頓基礎建設。另外，泰國也是第一個向世界銀行借款的亞洲國家，借來的資金同樣運用在基礎建設上。

鑾披汶執政期間也致力於改善與日本的關係。日本在二次大戰投降時，兩國曾短暫斷交，於一九五二年才恢復邦交。

二次大戰期間，泰國曾借錢給日本作為戰爭資金，當中還有十五億日圓尚未償還。泰國政府考量到戰後物價上漲，便要求日方支付一三五〇億日圓，但日本政府認為金額太高，雙方遲遲無法取得共識。

直到一九五五年，鑾披汶和時任日本首相的鳩山一郎對談，才達成支付一百五十億日圓的共識。然而，雙方又因支付方式產生分歧，至今仍無結論。

軍事政變＝革命!?

鑾披汶得到西方諸國的支持後，便開始鞏固自己的政權。其中，時任警政署長的鮑上校（Phao Siyanon）和陸軍總司令沙立上校（Sarit Thanarat）更是分別在警界和陸軍勢力上扮演重要角色，給予許多援助。鑾披汶為了強化自身的政治地位，決定透過選舉的正規管道當上總理。

一九五五年，鑾披汶先開放政黨登記，允許人民集會，推行放寬政策，甚至成立政黨，為下次選舉鋪路。一九五七年二月，泰國迎來大選。鑾披汶為了贏得選戰，利用行政組織以不當手段取得大量選票，此舉被外界戲稱為「票匭奇蹟」。

民眾對於選舉舞弊一事相當不滿，沙立上校也選擇跟民眾同陣線，開始批判鑾披汶。鑾披汶只好向鮑上校求援，希望能穩住情勢。

最終沙立上校在同年九月發動政變，鑾披汶就此垮台並逃亡到日本，之後不再返回泰國。

沙立取得執政權後，考量自己身體欠安，並未接下總理一職，而是找他人暫代。沙立為了讓自己的政變合法化，於同年十二月再次舉行大選，其心腹他儂（Thanom Kittikachorn）當上總理後，他才前往美國治病。

不過，沙立的政黨在這場選舉中未能拿下過半席次，所以施政顯得綁手綁腳。

面對此一局勢，沙立於隔年十月回國並再次

發起政變，重新掌控政權，採取跟鑾披汶一樣的策略，廢除憲法、解散國會。

沙立表示，這場政變是「革命（Patiwat）」，其後泰國便習慣以此稱軍事政變。

為了當上國民之父

一九五九年沙立就任總理後，以「開發（Pattana）」為口號推行專制統治。同一時期，隸屬西方陣營的多個亞洲國家也都開始採行跟泰國一樣的政治體制，一般稱為「發展型獨裁」。

為了恢復國王權威，沙立向國民聲稱自己必須擔負起守護國王的責任，試圖將獨裁統治正當化。

沙立提倡由「民族、宗教、國王」三核心構成的泰國立國三原則非常重要，強調革命是為了建立以國王為元首的政治體制。此外，他主張泰國追求的是以國王為核心的泰式民主主義，與西歐式民主主義不同。

而當中最重要的就是「國民之父」，也就是國王的存在。沙立認為，理想的國王必須像是蘭甘亨碑中提到的國民之父一樣，建構出如同父親給予兒子溫暖凝視的政治模式。這意味著所謂的泰式民主主義是由國王扮演父親，並在父親的指導下貫徹民主主義。

於是，拉瑪九世開始積極地在國民面前露臉，成功打造出國民之父的形象。

維持獨裁政權

一九六三年沙立死後，由他的心腹他儂繼承以開發為口號的獨裁體制。

他儂的政治作風不像沙立那麼強勢，於是任命沙立執政期間擔任內政部長的普拉帕將軍（Praphas Charusathien）為副總理，彼此合作繼承政權。

後來，他儂的兒子納隆（Narong Kittikachon）與普拉帕的女兒結婚，使雙方的關係更為緊密。不過，他儂、普拉帕、納隆鎮壓追求民主化的民眾，以致後來三人被冠上「獨裁三巨頭」的稱號。

這時泰國基本上仍維持沙立時代的政策，但與共產勢力間的鬥爭變得白熱化。與此同時，寮國國內的政治情勢非常不穩定，已經無法杜絕北方勢力共產化的影響，泰國因此認知到必須扛起這個任務。

泰國共產黨從一九六五年開始展開與政府間的武力鬥爭，在內陸建立解放區（由共產黨掌控的區域），積極擴大勢力。泰國政府為了與之對抗，繼續以開發為政治口號，在全國各地投入基礎建設。積極推行立國三原則思想，並推崇身為國民之父的國王地位，也都是用來抵禦共產主義的策略。

同一期間，越戰（希望統一越南的北越和有美國撐腰的南越之間引起的戰爭）漸趨激烈，泰國選擇幫助美國。美軍在泰國境內建造數座基地，幾乎每天都有轟炸機飛往越南。基地周圍也因而有攤販聚集，以美軍為銷售對象。暹羅灣岸邊有個名叫芭達雅的小漁村，當時附近基地的美軍經常前往遊玩，使這裡發展成紅燈區，最後更變成泰國非常知名的海灘度假勝地。

開發之路

泰國由他儂執政後，拉瑪九世開始下鄉造訪各地，積極參與王室提出的改善邊境內陸居民生活計畫。泰國媒體每天都會報導拉瑪九世和王室的一舉一動，讓原本存在感很薄弱的國王形象開始深植民心。

此外，沙立和他儂的開發口號，也深深影響了泰國的經濟。

泰國過去都走經濟民族主義，採行由國營企業主導工業發展的保護政策。不過，他儂轉為獎勵外國投資，希望借外國企業之手推動泰國的工業化。

政府為了打造良好的投資環境，開始推動基礎建設，道路、發電灌溉用水壩更是重點建設項目。外資挹注所帶來的工業化讓泰國逐漸步上軌道，並於一九六〇年代順利推動經濟發展。

學生開始發聲

一九六八年他儂終於頒布憲法，並於隔年舉行大選。他儂希望在民主主義議會制度的架構下，堂堂正正當上總理，卻又因聯合內閣的牽制，讓他無法完全掌控國會。對此，他儂決定在一九七一年發動政變，廢除憲法並解散國會。

當時的日本

1972（昭和47）年7月，田中角榮就任首相後，9月隨即訪問中國，與總理周恩來一同簽署聯合聲明，恢復中日兩國正常邦交。也因為日本承認中華人民共和國為中國的唯一合法政府，於是和位處台灣的中華民國斷交。

此舉等於是讓民主主義開倒車，學生們隨之出現反彈聲浪。當時世界各地非常盛行學運，許多泰國學生開始認為，開發所帶來的社會怪象是有問題的。於是，學生們成立全泰學生中心團體（NSCT）並發起運動。

另外，隨著外國投資工業化，日資企業不斷增加，泰國境內的日本人數也急遽攀升。當時日本正值高度經濟成長期，出口許多工業製品到泰國，導致泰國對日本的貿易逆差問題愈趨嚴重。而日本愈發明顯的存在感也刺激了這群學生。

一九七二年，學生們開始發起拒買日貨、愛用國貨運動。他們的最終目標雖然是推翻獨裁政權，但如果直接批判政府容易遭到鎮壓，於是想出了這個折衷方式。此法果然奏效，政府完全無法採取阻止行動，學生們開始準備推翻他儂政權。

一九七三年學生發起學運，要求制定憲法、舉行大選，政府卻出兵鎮壓，導致傷亡。拉瑪九世催促總理下台，整起事件才算告一段落，史稱一九七三年泰國學運。

然而，實際情況是軍方內部出現分歧，反他儂陣營拒絕執行鎮壓命令才導致政權垮台，但大部分國民都以為是國王平定紛亂，這也讓拉瑪九世的聲望水漲船高。

無法持之以恆的民主化

經歷這一連串的事件後，泰國終於迎來民主化時代。他儂政權垮台，拉瑪九世特例任命曼谷名校校長，也就是法政大學的桑耶・探瑪塞（Sanya Dharmasakti）為臨時總理。泰國隨即制定新憲法，並於一九七五年一月舉行大選。民主黨的西尼・巴莫（Seni Pramot）眼見這場選舉小黨林立，於是希望能夠建立聯合政權，可惜以失敗收場。他的弟弟克里・巴莫（Khuekrit Pramot）則是成功組創聯合政權，當上總理。

過去農村並未受開發政策之惠，一直處於貧困狀態，克里為了解決此一問題，投入許多施政。

然而，長期受獨裁體制壓抑的農民和勞工提出各種要求，像是進行農地改革，讓沒有土地的農民也能持有土地、降低佃農費用（租地耕作的農民需繳納的地租）、提高最低薪資等。

再加上當時學運興盛，全泰學生中心的成員不斷舉行反日運動，甚至要求一九七四年一月訪泰的日本首相田中角榮必須解決貿易赤字問題。

同一時期，以軍方為核心的右派人士（傾向自由主義、資本主義的保守派）對於泰國逐漸左傾感到不安。

一九七五年，北越攻陷南越首都西貢並獲得勝利，柬埔寨和寮國也接連走上共產政權，寮國甚至廢除了君主制。對此，泰國軍方成立右派團體，想抵抗左派勢力。

時間來到一九七六年，克里在軍方要求下解散國會，並於四月舉辦大選。然而，選舉期間又發生左派候選人遭攻擊或暗殺等事件。最後雖然由立場中立的西尼成為總理，但泰國左右兩派對立情勢並未因此結束。

同年九月，原本逃亡海外的他儂返泰，讓學生們的反抗更為激烈。學生為了抗議他儂回國，十月在法政大學演出短劇，這時右派人士指出，飾演受害者一角的學生容貌與皇太子極為相似。

就在十月六日之際，聚首大學內的學生遭右派團體襲擊，造成多人死傷。軍方接獲消息後，便以平定混亂為由發動政變，泰國三年短暫的民主時代就此劃上句點，史稱法政大學鎮壓事件。

北風與太陽

法政大學鎮壓事件後，身為反共激進派的前最高法院法官譚寧・蓋威欽（Thanin Kraivichien）被任命為總理。蓋威欽鎮壓共產主義勢力，使得學生和運動人士紛紛離開曼谷，共產黨勢力選擇逃往仍在地方擁有掌控權的解放區。地方共產黨的活動因此變得活躍，與政府軍之間的衝突不斷增加。

蓋威欽這一連串如「北風」般的政策，不僅引來國民反感，就連軍方也不支持。軍方甚至在一九七七年十月又一次發動政變，迫使蓋威欽下台。

接著，由軍人出身的克里安薩・差瑪南（Kriangsak Chomanan）接任總理。克里安薩與蓋威欽相反，政治上改採柔和作風，願意調整做事方式（調整型政治）。他不僅恩赦法政大學鎮壓事件遭逮捕的人士，予以減刑或免刑。在面對主張民主化運動的左派人士時，更推動如「太陽」般的政策，希望改善彼此關係。

克里安薩於一九七八年制定憲法，隔年依憲法規定舉行大選。克里安薩雖然順利續任總理，但國會運作上並不順利。再加上同年受到第二次石油危機影響，國際原油價格飆升，泰國跟著提高公用事業費和油價，此舉引發民眾大為不滿，克里安薩只好在一九八〇年辭去總理一職。

另一方面，越南和寮國等中南半島等國在一九七〇年代後半受到共產化影響，許多想逃離共產政權的難民紛紛前至泰國。初期以來自越南、寮國的難民為主，大量來自越南的船隻會飄抵暹羅灣沿岸，也就是所謂的海上難民。

其後，柬埔寨發生內戰，許多為了躲避戰火的柬埔寨人也穿越邊境、逃往泰國，所以泰柬邊境沿線可見許多難民營。

「太陽」的勝利

克里安薩卸任後，由軍人普瑞姆・廷素拉暖（Prem Tinsulanonda）接續總理職務。就政治行事來說，他很懂得如何在軍界和政治家間取得平衡。普瑞姆組成聯合政權時，便依照各政黨的議會席次，分配部長、副部長等職務。

普瑞姆取得拉瑪九世信任，在施政上也很重視國王的想法。他以民主主義議會制度為基礎，推崇泰國立國三原則思想，同時尊重國王和軍方意見。這樣的政治模式又稱為「半民主主義」。

一九八一年和一九八五年泰國發生的兩次軍事政變，都因未獲國王點頭，以失敗收場。這也讓泰國出現政變若要成功，就必須得到國王同意的默契。

因此普瑞姆非常積極展現對國王的敬意，使拉瑪九世更加信任他。普瑞姆會率先在國王面前行跪拜之禮，向國民展示該如何表達尊敬之意。他不僅讓國王提出的開發計畫內容更完整，還另外設立非政府組織，增加事業推動的順暢度。

另外，普瑞姆選擇延續克里安薩的調整型政治模式。他捨棄鎮壓，對左派採取勸說手段，表示只要投誠政府就不會被判刑，積極展現包容態度。反觀，共產黨內部因想法分歧產生對立，因此向泰國政府投誠的人數大幅增加。

普瑞姆採取太陽政策的影響下，泰國共產黨在一九八〇年代中期就幾乎消失，政府與共產勢力長達二十年的衝突終於劃上句點。

迎來經濟繁榮

泰國歷經了一九七九年的第二次石油危機後，經濟低迷了一陣子。後來泰國接受國際貨幣基金（IMF）提供的融資，希望能藉機改造經濟結構。

普瑞姆政權始於經濟停滯期，於是他在處理經濟問題時，同樣採取調整型政策。

普瑞姆找來政府官員和民間企業成員，組成「公私聯合諮詢委員會」（JPPCC），提政策時會先諮詢民間意見，讓政策更符合期待。

一九八五年，G5（五大工業國財政部長和中央銀行總裁會議）的《廣場協議》為泰國的停滯經濟帶來大幅成長的契機。內容決議讓日幣升值（與美元相比），此舉降低了日資企業的出口競爭力（把商品賣到國外的難易度），日本企業紛紛將生產據點移往海外。當時，便有許多日資企業選擇落腳泰國。

原先日本的大企業必須把零件先出口至泰國，於當地工廠組裝完成後，直接在泰國販售。隨著駐點泰國的企業類型不斷增加，能承包零件生產的中小企業工廠愈來愈多。由於從零件到成品的生產全都在泰國進行，產品也終於成為名符其實的「泰國製造」。

這些產品不只在泰國國內販售，更出口至國外，輸往日本的商品也不斷增加。隨著泰國急速工業化，新投資所需的金流大量湧入，帶領泰國走向經濟繁榮。

大湄公河次區域經濟合作

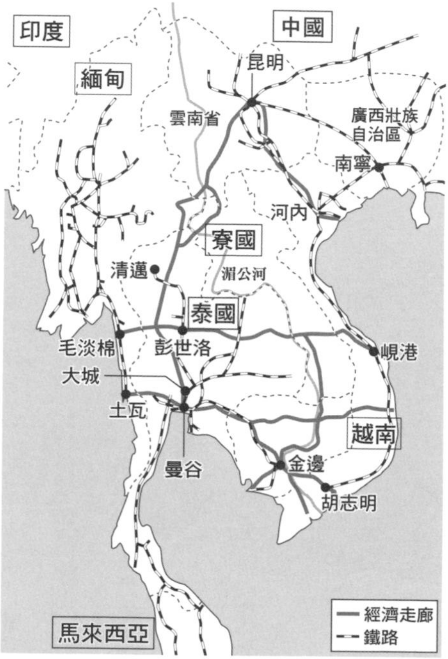

權利洶湧

普瑞姆雖然不走專制獨裁，卻也建立起長期政權。民眾追求民主化的同時，開始出現不該由軍人持續擔任總理的批判聲浪。於是，普瑞姆在一九八八年的大選後拒絕續任總理。

接著由選舉中成為第一大黨的國民黨黨魁差猜・春哈旺（Chatchai Chunhawan）擔任總理。差猜雖然曾是名軍人，卻也是政治家、企業家，算是個有政治實力的企業人士。泰國邁入民主化時代後，終於迎來政黨內閣，所以國民都非常期待差猜內閣的表現。

一九八八年，差猜打出「化印支戰場為市場」的口號。走上共產之路的越南和寮國為了脫離嚴重的經濟危機，仿照起蘇聯對政經體制的改革重建（Perestroika），導入個人能自由生產銷售的市場經濟。再加上柬埔寨的越軍逐一撤退，終於讓柬埔寨內戰迎來結束的曙光。

眼看中南半島的混亂情勢漸趨平穩，泰國開始策劃建立大經濟圈，促進經濟發展。這個全新的經濟圈構想，後來稱為大湄公河次區域經濟合作（GMS）。

泰國走上經濟繁榮的同時，當然也迎來許多新投資計畫。

然而，像是差猜這類有政治背景的企業家紛紛開始競爭，希望從中獲取各種利益和權利，演變成靠金錢推動運行的金權政治。這使得差猜的內閣團隊被戲稱為「吃到飽內閣（Buffet Cabinet）」，人民對政黨政治也從原本的期待變成失望。

國王出手仲裁

一九九一年二月，軍方利用人民對政府的失望發起軍事政變。加之差猜政權和軍方交惡，因此軍方以結束金權政治為由發難。但軍方在政變後並未直接上台，而是讓企業家阿南・班雅拉春（Anand Panyarachun）接任總理。

阿南以「透明內閣」為口號，推動無貪汙政治，並動員優秀政府官員，投入許多自由化、放寬限縮政策，積極維持泰國正向經濟發展。

即便阿南政權並不是由民眾選出，但在他推動這些政策後，深獲國民支持。

同年十二月，泰國制定新憲法，並於一九九二年三月舉行大選。然而，在這場大選中，支持軍方的團體成為多數派，並指定由前一年發動政變的主謀蘇欽達・甲巴允（Suchinda Kraprayoon）擔任總理。

到了五月，反對軍人總理的民眾發起示威遊行，要求蘇欽達下台。這次參加遊行的人多半是住在曼谷的知識份子、專業人士和任職企業的白領階級，屬於都市中產階級。前曼谷市長查隆・斯里木昂（Chamlong Srimuang）帶領這群反政府的示威人士，與軍警發生衝突。

拉瑪九世眼見事態變得嚴重，決定出面解決。他促成蘇欽達和查隆和解，蘇欽達則是辭掉總理一職。

蘇欽達和查隆兩人在國王面前下跪的模樣透過影像傳到全世界，讓所有人再次體認到拉瑪九世的王權地位。這次的反政府示威史稱「血腥五月」。

制定新憲法

血腥五月事件後，阿南再次被任命為臨時總理。一九九二年九月大選，民主黨成為第一大黨，改由乃川（Chuan Leekpai）出線擔任總理。

都市中產階級提出希望政治改革，民主黨也非常期待能回應人民訴求。但受到聯合政權牽制，乃川無法滿足外界期待，只好在一九九五年解散國會，舉行大選。

然而，民主黨在這場選舉中痛失第一大黨寶座，改由國民黨黨魁班漢・西巴阿差（Banharn Silpa-Archa）擔任總理。都市中產階級對於有政治背景的企業家再次接任總理一事感到極為失望。不過，班漢特別將修正憲法項目列入政見，因而設置了憲法制定議會，但都市中產階級認為唯有改變憲法本質才能達成政治改革。為了減少批判聲浪，班漢採取遵守政見的姿態。

但班漢實際上仍恢復了金權政治，在自己的家鄉——中部的素攀武里推動許多

選舉制度變遷

	既有憲法	新憲法（1997年）
參議院議員	任命制	全數民選選出
眾議院議員	中選區制	小選區和比例代表並行制
所有議員	無條件	至少大學畢業

公共事業，為地方帶來利益。此舉當然受到外界批判，而他為了掩蓋貪汙嫌疑，決定解散國會。一九九六年的大選中，由前軍人昭華利・永猜裕（Chavalit Yongchaiyudh）帶領的新希望黨成為第一大黨。

新希望黨深受農村人士支持，雖然都市中產階級對他的評價並沒有很高，仍期待昭華利能制定新憲法。

這次憲法採兩大政黨制，讓各界期待泰國能邁向穩定政權。原本為任命制的參議院席次全數改為民選；眾議院則從中選區制改成小選區和比例代表並行制，此制度對於大黨較為有利。另外，為了排除以地方利益為目的的在地政治家，憲法更規定國會議員至少要大學畢業。

新憲法對於現任國會議員來說非常不利，因此出現反新憲法的反對派。但就在一九九七年新憲法準備進國會審議前不久，泰國遭遇亞洲金融風暴，各界高度希望透過政治改革度過難關，反對派的聲音在這樣的氛圍下也變得微弱，最後國會通過並頒布新憲法。

泡沫經濟破滅

對於泰國而言，亞洲金融風暴帶來極大打擊。《廣場協議》之後，隨著投資規模不斷擴大，再加上阿南政權開始採取放寬限縮和自由化政策，使大量外國資金流入泰國。泰銖兌美元的匯率一直維持在穩定水準，外國企業便開始認為，將外幣換成泰銖做投

當時的日本

始於1980年代後半的日本泡沫經濟在進入1990年代時破滅，金融機構無法解決不良債權，接二連三倒閉。接著又受到1997（平成9）年亞洲金融風暴影響，導致同年11月北海道拓殖銀行破產、山一證券自行宣布倒閉。

資，也不用擔心泰銖貶值。超出需求的大筆金流湧入泰國，被用來投資土地和不動產，最終使泰國變得跟日本一樣走上經濟泡沫之路。

然而一九九〇年代中期，泰國出口量不再增加，讓外資認為泰國經濟成長已經結束，決定抽離資金。一九九七年，外匯市場開始大量拋售泰銖。泰國央行不斷買進泰銖，但最終只能放棄干預外匯市場，同年七月宣布停止護盤，改實行浮動匯率制，導致泰銖持續重貶，匯率直接腰斬。

泰銖貶值對其他亞洲國家也帶來影響，馬來西亞、印尼、韓國等國的貨幣全都跟著貶值。這場風暴不僅使進口商品價格攀升，企業的美元借款換算成泰銖後金額直接翻倍，導致營運困難。泰國人民無力購買商品，企業賣不出商品，只好裁員或倒閉收場。曼谷隨處可見蓋到一半的爛尾樓，失業民眾被迫回到鄉下老家。

惡性循環讓景氣雪上加霜，動搖了泰國的經濟架構。泰國只好再次向國際貨幣基金融資，希望重振經濟。日本也積極伸出援手，負起身為經濟大國的責任。

秘密專欄

泰國的運動

泰王也有幫忙想招式的國民運動

說到泰國最有名的運動項目，應該就是泰拳了吧！

泰拳是日本自由搏擊和K－1格鬥技的參考基礎，除了拳擊、腳踢之外，還會結合飛膝、肘擊等動作。泰拳有很多技法，據說還包含了過去國王所想出的招式。泰拳始於阿瑜陀耶時代，是泰國國民運動。選手在賽前會跳拳舞向恩師表示敬意，比賽期間則會有泰式樂團伴奏。

曼谷有好幾座知名的泰拳競技場，到了當地，每天一定都會有賽事可看。觀眾基本上會對比賽下注，所以泰拳不單是運動表演，也是一種賭博。

在泰國，競技和賭博自古就密不可分，鬥雞、鬥魚等也都是時至今日仍相當盛行的比賽。

藤球

泰拳

另外，除了世界各地都喜歡的足球運動，類似日本蹴鞠的藤球競技在泰國也相當盛行。這是一種以踢藤球為娛樂的項目，不只會用腳踢，還會使用頭、胸等手臂除外的身體部位。

東南亞各地其實一直都有類似的玩球方式，但直到一九六五年才將這項競技正式取名為sepak takraw（sepak一字源自馬來西亞，takraw則為泰文），並列入東南亞運動會的正式比賽項目。

比賽為三人一組，過程中會像排球一樣隔著網子相互競爭。在公園也經常可見民眾不架設網子，直接踢藤球玩樂的畫面。

人稱「亞洲泰森」的前世界冠軍

考塞・加拉西

Khaosai Galaxy (เขาทราย แกแล็คซี่)
(1959～)

19次成功衛冕寶座

從泰拳轉戰拳擊的考塞・加拉西（本名為Sura Saenkham）來自泰國北部碧差汶府，他從14歲開始正式投入泰拳的世界。1984年在世界拳擊協會（WBA）的比賽中拿下超級蠅量級冠軍。

1988年，其雙胞胎哥哥考克・加拉西（Kaokor Galaxy）也在雛量級比賽中獲得世界冠軍，成為史上第一對同獲世界冠軍的雙胞胎，並開始在全球打開知名度。

考塞是左撇子，有著「亞洲泰森」的稱號。他成功衛冕19次冠軍，在1991年拿下第19次拳王寶座時宣布賽後引退。

考塞引退後轉職為藝人，擁有極高人氣，相當活躍。目前除了會在電影或電視劇客串演出外，也開設泰拳教室。

chapter 7

對立的時代

塔克辛登場

泰銖暴跌不久，昭華利率領的內閣雖然趕在一九九七年頒布新憲法，卻仍難以應付金融風暴所帶來的衝擊，最終被迫下台。後來，民主黨成功建立聯合政權，同年十一月由乃川再次接任總理。

隨著新政權的確立，泰國在新憲法的運作下，好段時間未舉行大選。乃川帶領的內閣遵照國際貨幣基金組織的指導改革經濟結構，終於讓泰國景氣出現復甦跡象。不過，對泰國人而言，他們遭遇到失業等重大打擊後，這項改革並未讓他們的生活變得富裕，民間開始怨聲載道。

在這樣的局勢下，一位名叫塔克辛・欽那瓦（Thaksin Shinawatra）的人物迅速獲得各方支持。塔克辛出身泰國北部，擁有華裔血統，經營以手機為主的電信事業，是位相當成功的企業家，更是泰國數一數二的大富豪。

塔克辛自一九九〇年代踏入政界，曾出任政府部長級要職，於一九九八年創立泰愛泰黨，為下次大選鋪路。

泰愛泰黨接受欽那瓦家族龐大的政治獻金，並運用這些資金延攬各地擁有權勢的議員入黨，短時間內便召集大量候選人，目標是成為第一大黨。

二〇〇一年大選中，塔克辛端出吸引人的政策作為政見。他以地方農民為目標，主推放寬借款償還期

限、設立各個村落能自由運用的村落基金、三十泰銖健保方案這三項政策。

塔克辛希望透過這些大眾非常買單的民粹主義政策，獲取地方農民的支持。

最終，泰愛泰黨也真的以懸殊差距力甩民主黨，在大選中奪得第一大黨寶座。

經濟成長與解決貧困

塔克辛取得壓倒性勝利後成為總理。他將商業手法運用在政治上，非常迅速有效率地推出政策。塔克辛用企業來比喻政府，總理相當執行長，上層必須做決策，並給予下層指示，透過這種由上而下的模式持續制定新政策。他的施政又被稱為「塔克辛經濟學」，希望同時達到經濟成長、解決貧困兩個目的。

針對經濟部分，塔克辛為了擴大出口，選出幾項特定產業，目標提高競爭力。

他提出「國際競爭力計畫」，並選出食品業、汽車業、時尚業、軟體與電腦動畫業、觀光業為五大競爭力產業。政府為這些產業套上吸引人的口號，提供獎勵方案，例如：食品業打出「世界廚房」、汽車業打出「亞洲底特律」等稱號。

亞洲金融風暴導致泰銖貶值，卻也讓泰國能用更優惠的價格將商品出口至國外。塔克辛看準這項優勢，決定增加泰國出口量，促使經濟成長。

另一方面，在處理貧困議題上，塔克辛穩紮穩打地以政見提到的三主軸來實踐。其中最為人推崇的是三十泰銖健保方案，具體內容為每次就診僅需繳三十泰銖（約一百日圓）的費用，就能在醫院獲得最基本的醫療處置，相當於日本的國民健康保險制度。

當時泰國只有公務員或大企業員工才享有這類保險制度，農民和自營業者並無相關保障。有了這套制度後，原本看病必須支付高額費用的人就大幅降低了醫藥費。

塔克辛確實執行了政見中提到的民粹主義政策，讓各界更加推崇他的執政。

塔克辛滾出去！

泰國於二〇〇五年再次舉行大選，泰愛泰黨拿下超過三分之二的總席次，成為泰國史上第一個非軍人出身的文人獨立政權。

塔克辛續任首相後，便著手籌備大型基礎建設計畫。然而，都市的中產階級卻開始對塔克辛的強權政治運作出現批判聲浪。

塔克辛為了撲滅毒品，自第一任期便推行「毒品戰爭」政策，希望將毒品一網打盡。他讓每個府相互競爭毒販逮捕人數，卻因此出現誤抓無辜者、毒販將同業「封口」等情況，死者人數眾多。

二〇〇六年，當泰國人民得知塔克辛出售家族企業股份，獲利高達七百三十億泰銖（約兩千三百億日圓）後，便迅速興起要求塔克辛辭職下台的抗議運動。

塔克辛解散國會、舉辦大選，希望藉此打破僵局。然而，反塔克辛團體的訴求就是要求塔克辛下台，因此反對再次大選。

另外，在野民主黨同樣杯葛大選，這也使得泰愛泰黨在同年四月舉行的選舉中幾乎獨占所有席次。

此時，拉瑪九世出面表態，認為只有一個政黨的選舉稱不上民主，於是下令法院進行檢討。

泰國憲法法院於同年五月宣判大選違憲無效，因此泰國在十月又重新舉行一次大選。

然而，這次大選又是泰愛泰黨獲勝，軍方眼見情勢如此便發動政變，塔克辛政權就此垮台。

原本軍方因為血腥五月事件遭到批判，部分人士認為在此事件的影響下，泰國應該不會再有軍事政變。但以實際情況來看，即便邁入二十一世紀，泰國仍逃不了不斷爆發軍事政變的命運。

黃衫軍崛起

軍事政變後，由前軍人素拉育・朱拉暖（Surayud Chulanont）暫代總理一職，制定新憲法，準備再次舉行大選。新憲法從現行的小選區制回歸到原本的中選區制，為的就是避免再次出現像塔克辛政權一樣，一黨獨大的情況。

當時的日本

2007（平成19）年7月，自民黨在參議院選舉遭遇史無前例的慘敗，首次拱手交出參議院第一大黨寶座。時任首相的安倍晉三力圖改組內閣，閣員卻連番出包，安倍晉三心力交瘁，於9月閃電請辭。

完成前置準備後，泰國於二〇〇七年底迎來大選。但泰愛泰黨解散後，成員們再次集結成立人民力量黨，並在大選中拿下第一大黨，由沙馬克・順達拉維（Samak Sundaravej）赴任總理，親塔克辛派繼續主導政局。

後來，泰國分裂成支持和反對塔克辛的兩大陣營，對立情況不斷。親塔克辛派的沙馬克試圖讓塔克辛再次復權，但遭到反塔克辛陣營反對。反塔克辛派的主要成員為都市的中產階級人士和保皇派，他們會身著黃衣集會，因此又被稱為「黃衫軍」。

黃衫軍占據位於曼谷市中心的泰國總理府，對沙馬克政權示威抗議。後來，憲法法院以違憲為由，於二〇〇八年九月裁定沙馬克必須辭去總理職務。於是人民力量黨選出塔克辛的妹夫宋才・旺沙瓦（Somchai Wongsawat）為總理。

然而，黃衫軍持續占領總理府，為了加強施壓力道，同年十一月占領剛落成的素萬那普機場。十二月，憲法法庭做出人民力量黨必須解散的裁示，宋才政權垮台。

紅衫軍反擊

宋才政權瓦解後，反塔克辛派的民主黨成功建立聯合政權，由黨魁艾比希・威差奇瓦（Abhisit Vejjajiva）接任總理。親塔克辛派反過來要求儘早舉行大選，並對艾比希政權發動示威。反艾比希陣營會身著紅衣，所以又被稱為「紅衫軍」。泰國的政治對立就此演變成紅黃之戰。

二〇〇九年四月，紅衫軍在曼谷舉行大規模抗議集會，甚至闖入將於東部芭達雅舉行的東協領袖峰會（ASEAN）會議現場，要求停止會議。泰國政府動員軍警，才驅散在曼谷舉行的紅衫軍集會。其後，紅衫軍向泰王遞交赦免塔克辛的請願書。雖然有多達五百四十萬人連署，國王卻沒有任何回應。

二〇一〇年三月，紅衫軍再次於曼谷舉辦抗議集會。這次的地點不僅限於紅燈區，就連拉差帕頌商圈（日本伊勢丹百貨進駐的大型購物中心）也可見示威活動。

「紅」與「黃」的對立

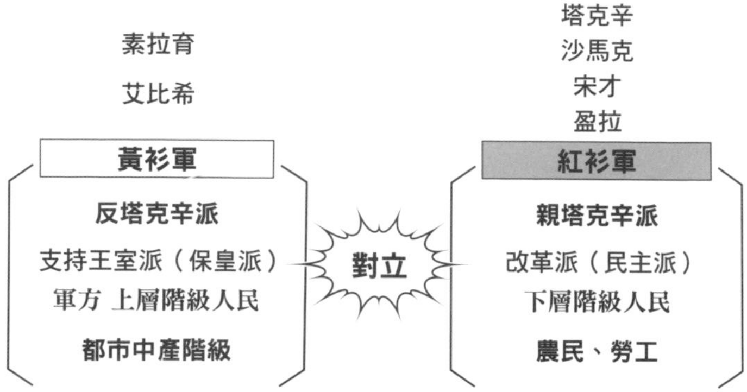

當時曼谷多處慘遭放火，部分購物中心甚至因此燒燬。政府只好再次出動軍警鎮壓，並在五月強制清場。這場鎮壓行動造成超過九十人身亡，史稱「殘暴五月事件（May violence）」。

紅衫軍要求舉行大選，艾比希當然是直接回絕，但國會議員任期將於二〇一一年底期滿，所以泰國還是必須舉行選舉。

艾比希只好於同年七月舉行大選。結果，由前人民力量黨成員組成的為泰黨躍升第一大黨，塔克辛的胞妹盈拉・欽那瓦（Yinglak Chinnawat）成為泰國史上首位女總理，親塔克辛派再次主宰政權。

交由胞妹主導

盈拉內閣剛成立不久的二〇一一年十月，泰國發生史上最嚴重的水災。昭披耶河下游遭洪水淹沒，從大城（古阿瑜陀耶）到曼谷無一倖免，影響範圍極廣。

曼谷位於昭披耶河下游三角洲流域，因此每年只要進入雨季就會淹水。曼谷在雨季期間雖然經常發生水災，但排水系統算是相當完備，就算淹水也能快速排除。然而，二〇一一年的水災比往年更嚴重，大量溢流的河水從北邊一路南下。

河水流經之處有許多工業區，裡頭有許多日資企業等大企業工廠。工廠浸在水中，使各大企業紛紛遭受嚴重打擊。這次的水災對整個世界都帶來影響，卻也讓人重新意識到泰國「世界工廠」的重要地位。

解決水災問題後，盈拉為了讓胞兄塔克辛復權，開始著手修訂二〇〇七年的憲法。二〇一三年，泰國在修憲的同時，也進行了赦免法案的審議。

不過，反塔克辛派懷疑此法是為了赦免塔克辛，於是再次發起反政府示威。這次反對派沒有身著黃衣，但仍主張撤回赦免法案，持續抗議活動，希望達成扳倒政權的終極目標。

盈拉見狀，選擇解散國會、舉行大選，但在野民主黨又一次出手杯葛，反塔克辛派則是妨礙候選人登記參選，甚至阻撓投票。

部分選區的候選人無法順利登記參選，因此憲法法院於二〇一四年三月宣判大選無效，五月更指控盈拉濫權，但為泰黨還是打算由副總理代理出馬重新舉行大選。

於是陸軍總司令帕拉育・詹歐查（Prayut Chan-ocha）發動政變，推翻了盈拉政權。

為期五年的代理政權

對泰國而言，軍事政變可說一點都不足為奇。不過，以往政變後都會推派臨時總理，帕拉育卻表示八月以前都不會推派臨時總理，他甚至自己接下總理一職。整個模式像極了以開發為口號的沙立獨裁政權。

照理說有了新總理，就該頒布憲法，接著朝大選邁進。但帕拉育主張，應該要等國內對立情況解決，再來舉行大選。因此直到二〇一六年八月，泰國終於舉行新憲法草案的全民公投，結果支持大於反對，泰國再次啟動下屆大選時程。

然而，就在公投後不久的十月，拉瑪九世逝世。他在位長達七十年，期間無論出現怎樣的政治對立，拉瑪九世都能順利化解，再再突顯出其地位和國民對他的強烈敬意。

拉瑪九世死後，泰國就像被染成一片黑色般，全國隨處可見身著黑色喪服、情緒悲傷的民眾。在二〇一七年十月舉行喪禮前，大選籌備活動就猶如被按下暫停鍵。

隨著拉瑪九世逝世，皇太子瓦吉拉隆功（Maha Vajiralongkorn）即位，稱拉瑪十世。拉瑪九世喪禮結束後，緊接而來的是拉瑪十世加冕大典等一連串活動，因此大選再次延遲。

二〇一九年三月，泰國終於舉行睽違已久的大選，軍事政變後持續五年之久的帕拉育代理政權也終於落幕。

延續軍方主導政權

帕拉育原本是希望解決國內對立問題後，再來舉行大選，可惜泰國對立情勢仍無改善。

於是由軍方主導的保皇派成立人民國家力量黨，宣布投入選戰。

親塔克辛派的為泰黨同樣將目標鎖定在成為第一大黨上，希望再次奪回執政權。

另一方面，由年輕企業家塔納通・宗龍倫吉（Thanathon Chuengrungrueangkit）創立的未來前進黨，則是以反對軍方主導執政為訴求，吸引批判帕拉育的選民。

二〇一九年三月，大選結果出爐。

為泰黨選擇與人民國家力量黨組成聯盟，得以順利成為第一大黨，並由帕拉育出任總理。

帕拉育終於透過選舉，名符其實地當上總理一職。

不過這次大選中，反對軍方主導政治、主張民主化的未來前進黨，竟擁有了超出預期的支持率，獲得大量年輕世代的選票。

未來前進黨成為繼為泰黨、人民國家力量黨之後，擁有第三多議員席次的政黨，遠遠高出長年支持反塔克辛的民主黨陣營席次。

這時保皇派開始意識到，未來前進黨急速擴大的勢力會比為泰黨更充滿危機，因此以違憲為由，主張未來前進黨必須解散。

由於塔納通貸款給未來前進黨作為選舉資金，泰國選舉委員會認為這是違法的政治獻金，便向憲法法院提出告訴。

二〇二〇年二月，憲法法院做出裁決，認為未來前進黨違憲，必須解散。

憲法法院過去要求親塔克辛派的政黨解散、批判總理濫權，這次更是出手干預了追求民主化的政黨，其影響力之大可見一斑。

學生群起響應

未來前進黨解散一事，點燃了泰國學生們心中的怒火。解散判決一出爐，全國各地的大學就開始出現抗議集會。這是繼一九七〇年代後，泰國再次興起以學生為主體的大規模政治運動。

這場學運一路持續到二〇二〇年三月，但因新型冠狀病毒疫情急速升溫，大學紛紛停課，再加上泰國宣布警戒，使抗議浪潮暫時趨緩。

然而，學生們繼續透過網路發動抗議，泰國各地也可見街上舉辦小型集會。同年七月，一個名為青年解放陣線的組織在曼谷舉行了政治集會，這場集會也成為泰國各地政治運動再起的契機。

青年解放陣線提出停止侵害人民、重新起草新憲法、解散國會三大訴求。不過，到了八月，部分成員進一步要求改革君主制。這股浪潮也對國中生、高中生帶來影響，甚至有國中生在學校舉辦集會，希望能自由參與政治活動、重新審視校規。

拉瑪九世在位時，絕對不可能出現批判君主的聲音，但拉瑪十世企圖強化國王權限，導致泰國人民的思維開始改變。

自拉瑪五世起，國王的資產皆由政府機關代為管理，但拉瑪十世卻改變相關制度，讓財產全數私有化，此舉讓拉瑪十世成為全世界最有錢的國王。不僅如此，針對人民公投決定的憲法草案，拉瑪十世也要求修正部分條文。

對此，學生們終於打破禁忌，即便可能因冒犯君主罪被捕，他們還是主張實現「王室必須置於以民主主

當時的日本

隨著新型冠狀病毒疫情升溫，日本於2020（令和2）年4月發布緊急事態宣言。原定夏天舉行的東京奧運因此延期，時任首相的安倍晉三則於8月宣布辭職。自民黨緊接著舉行總裁選舉，由菅義偉勝選，就任新首相。

義為核心的憲法體制下」。

隨著新型冠狀病毒疫情持續擴大，抗議活動式微。但到了二〇二一年，人民因為不滿政府的疫情政策，開始發動示威遊行，要求總理帕拉育下台。

然而，泰國憲法法院卻在十一月做出判決，認為學生要求王室改革的行為等於否定君主立憲制，實屬違憲，讓這場抗爭更加艱難。

泰國今後之路

泰國開始出現如此重大的轉變，未來又會怎麼發展呢？

可想而知的是，從二十一世紀開始漸趨激烈的階級對立，應該會是個無法輕鬆解決的難題。

最初對立的族群是反對塔克辛的黃衫軍和支持塔克辛的紅衫軍。黃衫軍由都市中產階級和富裕階級構成，紅衫軍則由農民、從農村到都市討生活的貧困人民構成。隨著拉瑪十世即位，這個對立結構變得複雜。雖然保皇派和民主派兩大派系的立場並無改變，但各自的支持族群卻出現變化。

另外，一九九七年發生亞洲金融風暴之前，泰國經濟達到一定的成長高度，在東南亞國家中算是擁有相當水準，僅次於新加坡及馬來西亞。邁入二十一世紀後，經濟雖然稍稍復甦，但來到二〇〇〇年代後半，隨著國內政治對立嚴重，泰國的經濟成長率也跟著停滯不前，長期處於「中等收入國家」的水準。

即便如此，泰國目前仍是擁有最多日資企業工廠的東南亞國家。由此可知，泰國現階段的地位仍相當受到重視。

此外，泰國雖然早已晉身工業國，但其實仍有許多人民以農業為生，這也呼應了前面提到的「世界廚房」稱號。可見無論是食品生產或加工產業，泰國絕對扮演著重要角色。隨著世界對於食物的需求日益提升，泰國今後的地位勢必更為關鍵。

首都曼谷當然也是持續發展，高樓大廈等建設不斷，大型購物中心亦是相繼開幕。更多的捷運路間串連起市區和郊區，曼谷正急速蛻變成現代化都市。

但與此同時，傳統市場和路邊整排的攤販數也跟著減少，讓人不禁擔心，未來是否將無法感受到曼谷喧囂氛圍的魅力和充滿活力的街道。

另外，泰國還是世界數一數二的觀光大國。新冠疫情爆發前的二〇一九年，有高達四千萬名外籍旅客造訪泰國。泰國不僅有素可泰王朝、阿瑜陀耶王朝遺跡等歷史遺產，北部山區和南部海岸更有著豐富的自然景觀，還能享受購物樂趣、品嚐泰式料理等，觀光資源極為豐富，因此能吸引世界各地的旅客前來觀光。

受到新冠疫情擴散影響，泰國的觀光產業遭受嚴重打擊，但相信今後觀光客一定會重返泰國。屆時各位不妨來趟泰國之旅，享受觀光的同時，也回想一下書中學到的泰國歷史吧！

耐人尋味的泰國偉人⑦

全球關注的電影導演

阿比查邦

Apichatpong Weerasethakul

(อภิชาติพงศ์ วีระเศรษฐกุล)

（1970～）

在坎城影展拿下金棕櫚大獎

泰國知名電影導演阿比查邦・韋拉斯塔古在東北部的孔敬府長大。孔敬大學畢業後，便留學至美國芝加哥藝術學院，學習電影製作。

他從首部長篇電影《正午顯影》（Mysterious Object at Noon，2000年）便開始嘗試各種超脫既有電影常識框架的新穎手法，進而受到國際關注。

2010年，他以《波米叔叔的前世今生》（Uncle Boonmee Who Can Recall His Past Lives）拿下坎城影展金棕櫚大獎，成為泰國首位榮獲世界電影大獎的導演。

阿比查邦的電影題材包含了前世與今生、生死相鄰的獨特世界觀，都擁有極高評價。2021年以哥倫比亞為舞台的電影《記憶》（Memoria）也在坎城影展奪下評審團大獎。

泰國的歷史 年表

這份年表是以本書提及的泰國歷史為中心編寫而成。

配合下半段的「世界與日本歷史大事紀」，可以更深入理解。

年代	泰國大事紀	世界與日本大事紀
〈紀元前〉		
10000年前後	和平人開始群居，使用打製石器	世界 長江流域開始水耕稻作（8500年前後））
2500年前後	開始稻作	世界 印度河流域文明興盛（2500年前後）
1000年前後	開始製作青銅器、產鹽	世界 羅馬建國（753）
5世紀後半	開始產鐵	世界 漢朝成立（202）
〈紀元〉		
1世紀末	開始出現扶南等國家	世界 耶穌遭處刑（30年前後）
3~5世紀前後	馬來半島出現頓遜等國家	世界 日耳曼民族大遷徙（375）
6世紀前後	陀羅缽地建國	日本 佛教傳入（538）
7世紀前後	室利佛逝立國；高棉人進入泰國東北部	世界 唐朝消滅高句麗（668）

9世紀前後	高棉帝國成立	世界 法蘭克王國分裂（843）
11世紀前後	高棉帝國勢力涵蓋至泰國中部	日本 藤原道長攝政（1016）
11～12世紀	建造披邁遺跡	日本 保元之亂（1156）
13～14世紀前後	上座部佛教傳入	世界 成吉思汗統一蒙古（1206）
1240年前後	素可泰王朝成立	世界 乞瓦之戰（1240）
1279年前後	蘭甘亨即位	日本 文永之役（1274）
1296	蘭納王國建國	日本 永仁德政令（1297）
1351	阿瑜陀耶王朝成立	世界 紅巾之亂（1351～1366）
1438	素可泰王朝滅亡	世界 鄭和下西洋（1405～1433）
1448	戴萊洛迦納即位	世界 東羅馬帝國滅亡（1453）
1463	阿瑜陀耶王朝暫時遷都彭世洛	日本 應仁之亂（1467～1477）
1558	蘭納王國遭緬甸東固王朝攻陷	世界 《卡托－康布雷西和約》（1559）
1569	緬族成功攻陷阿瑜陀耶，取得掌控權	世界 波蘭－立陶宛聯邦成立（1569）
1584	納黎宣宣布脫離緬族獨立	日本 本能寺之變（1582）
1590	納黎宣即位	日本 關原之戰（1600）

年代	泰國大事紀	世界與日本大事紀
1612年前後	山田長政搭上朱印船，抵達阿瑜陀耶	世界 羅曼諾夫王朝成立（1613）
1629	巴沙通即位	日本 於長崎建造出島（1634）
1656	那萊王即位	世界 《西發里亞和約》（1648）
1687	法國軍艦占領吞武里	日本 發布《生物憐憫令》（1685）
1688	帕碧羅闍即位	世界 光榮革命（1688～1689）
1703	素里延塔鐵菩提即位	世界 西班牙王位繼承戰爭（1701～1714）
1733	波隆摩闍即位	世界 波蘭王位繼承戰爭（1733～1735）
1767	阿瑜陀耶王朝滅亡，吞武里王朝成立	世界 《社會契約論》問世（1762）
1782	拉達那哥辛王朝成立，拉瑪一世即位	日本 天明大饑荒（1782～1787）
1787	得到清朝冊封	日本 寬政改革（1787～1793）
1809	拉瑪二世即位	世界 半島戰爭（1808～1814）
1822	泰國承認英國擁有檳榔嶼	世界 希臘獨立戰爭（1821～1829）
1824	拉瑪三世即位	世界 十二月黨人起義（1825）
1826	與英國簽訂《伯尼條約》	日本 發布《異國船驅逐令》（1825）

1851	拉瑪四世即位	世界 太平天國運動（1851～1864）
1855	與英國簽訂《寶寧條約》	世界 締結《日美親善條約》（1854）
1868	拉瑪五世即位	日本 明治維新（1868）
1885	拉瑪五世開始行政改革	日本 伊藤博文就任首任總理大臣（1885）
1887	與日本正式締結邦交	日本 頒布《大日本帝國憲法》（1889）
1892	重新編制中央機關	日本 大津事件（1891）
1893	發生北欖事件	世界 夏威夷王國遭推翻（1893）
1896	英法簽訂條約，將泰國定義為「緩衝國」	日本 締結《馬關條約》（1895）
1897	開通官營鐵路	世界 美西戰爭（1898）
1898	簽訂《日泰友好通商航海條約》	世界 法紹達事件（1898）
1909	將馬來四州割讓給英國	日本 伊藤博文遇刺身亡（1909）
1910	拉瑪六世即位	日本 併吞韓國（1910）
1917	投入一次世界大戰	世界 塞拉耶佛事件（1914）
1925	拉瑪七世即位	世界 蘇維埃聯邦成立（1922）
1932	發生立憲革命，走上君主立憲制	日本 五一五事件（1932）

年代	泰國大事紀	世界與日本大事紀
1935	拉瑪八世即位	世界 納粹獨裁政權崛起（1933）
1938	鑾披汶內閣成立	日本 二二六事件（1936）
1939	國名從「暹羅」改為「泰國」	世界 二次世界大戰爆發（1939）
1941	泰日簽訂《攻守同盟條約》	日本 太平洋戰爭爆發（1941）
1942	向英美宣戰	日本 中途島海戰（1942）
1945	普里迪發表《和平宣言》	日本 廣島、長崎原爆（1945）
1946	普里迪內閣成立，拉瑪九世即位	世界 菲律賓獨立（1946）
1948	第二次鑾披汶內閣成立	世界 第一次以阿戰爭（1948～1949）
1955	鑾披汶與日本首相鳩山一郎會談	世界 《華沙公約》（1955）
1957	發生軍事政變，鑾披汶下台	世界 第二次以阿戰爭（1956～1957）
1959	沙立內閣成立	世界 古巴革命（1959）
1963	他儂內閣成立	世界 馬來西亞聯邦成立（1963）
1972	發起拒買日貨運動	日本 沖繩回歸（1972）
1973	發生一九七三年泰國學運	世界 第四次以阿戰爭（1973）

1976	發生法政大學鎮壓事件	日本 洛克希德事件（1976）
1980	普瑞姆內閣成立	世界 兩伊戰爭（1980～1988）
1988	差猜內閣成立	世界 車諾比核災（1986）
1992	發生血腥五月事件	世界 蘇聯瓦解（1991）
1997	頒布「以人民為出發點」的新憲法	世界 香港回歸（1997）
1998	泰愛泰黨建黨	日本 舉辦長野冬季奧運（1998）
2001	塔克辛內閣成立	世界 美國九一一事件（2001）
2006	發生軍事政變，塔克辛政權瓦解	日本 第一次安倍內閣登場（2006）
2007	親塔克辛派大選獲勝	世界 次貸危機（2007）
2008	反塔克辛派建立聯合政權	世界 雷曼兄弟破產引發金融危機（2008）
2010	發生殘暴五月事件	世界 阿拉伯之春（2010～2011）
2011	塔克辛胞妹盈拉成為泰國史上首位女總理	日本 東日本大地震（2011）
2014	發生軍事政變，盈拉政權瓦解	世界 烏克蘭危機（2014）
2016	拉瑪十世即位	世界 英國決定脫離歐盟（2016）
2020	學生不滿未來前進黨被迫解散，發起示威抗議	世界 新型冠狀病毒大流行（2020～）

參考文獻

『アユタヤ』チャーンウィット・カセートシリ／吉川利治（タイ国トヨタ財団）

「北タイのカリスマ僧、クルーバー・シーウィチャイの1920年バンコク召喚事件の史実をめぐって」『アジア太平洋討究』第42号　村嶋英治（早稲田大学アジア太平洋研究センター）

『タイ国―近現代の経済と政治―』パースック・ポンパイチット、クリス・ベーカー（刀水書房）

『タイ史』飯島明子、小泉順子編（山川出版社）

『タイ事典』日本タイ学会編（めこん）

『タイ謎解き散歩』柿崎一郎（KADOKAWA）

『タイのかたち』赤木攻（めこん）

『タイの基礎知識』柿崎一郎（めこん）

『タイの事典』石井米雄監修（同朋舎）

『タイを知るための72章　第２版』綾部真雄編（明石書店）

『東南アジア史Ⅰ　大陸部』石井米雄、桜井由躬雄編（山川出版社）

『東南アジアを知るための50章』今井昭夫編（明石書店）

『ムエタイの世界』菱田慶文（めこん）

『物語　タイの歴史』柿崎一郎（中央公論新社）

Thailand: A Short History. David K. Wyatt (Trasvin Publication)

［作者］
柿崎一郎
1971年生於日本靜岡縣。1993年東京外國語大學外語系畢業，1999年於同校研究所之地域文化研究科修得博士後期課程，隨即進入橫濱市立大學國際文化系任職專任講師。取得該系助理教授、國際綜合科學系副教授、教授後，2019年起擔任國際教養系教授。著有《タイ経済と鉄道 1885 ～ 1935年》（日本経済評論社）、《物語タイの歴史 微笑みの国の真実》（中央公論新社）、《王国の鉄路 タイ鉄道の歴史》（京都大学学術出版会）、《タイの基礎知識》（めこん）、《草の根の日タイ同盟 事件史から見る戦時下の日本人とタイ人》（京都大学学術出版会）等，在台出版書籍有《泰國散步之旅：巡遊79處不可思議的微笑國度》（天下雜誌）。

編輯・構成／造事務所
設計／井上祥邦（yockdesign）
插畫／suwakaho
照片／写真 AC

極簡泰國史

出　　版／楓樹林出版事業有限公司
地　　址／新北市板橋區信義路163巷3號10樓
郵 政 劃 撥／19907596 楓書坊文化出版社
網　　址／www.maplebook.com.tw
電　　話／02-2957-6096
傳　　真／02-2957-6435
作　　者／柿崎一郎
翻　　譯／蔡婷朱
責 任 編 輯／邱凱蓉
內 文 排 版／楊亞容
港 澳 經 銷／泛華發行代理有限公司
定　　價／350元
出 版 日 期／2023年11月

國家圖書館出版品預行編目資料

極簡泰國史 / 柿崎一郎作 ; 蔡婷朱譯. -- 初版. -- 新北市 : 楓樹林出版事業有限公司, 2023.11 面 ; 公分
ISBN 978-626-7394-00-7（平裝）
1. 泰國史
738.21　112016826